Digital Publishing
International Change and Development

数字出版

国际化变革与发展

赵树旺　著

科 学 出 版 社

北 京

内 容 简 介

数字出版的国际化变革与发展是全球化背景下数字出版从业者与研究者无法回避的现实课题。对于国内数字出版业的变革与发展，我们应更多关注、思考与反省；对于国际数字出版业的变革与发展，我们应更多研究、学习与借鉴。本书从政策、阅读、美学、内容、传播、用户等多个维度关注了中国数字出版业的变革与"走出去"的策略，从传播平台建设、传播策略、用户策略、学术出版等多个维度关注了国外数字出版业的发展。

本书的目标读者为关注国内外数字出版业发展与推动中国数字出版"走出去"的从业者，以及关注国内外数字出版领域的研究者与学习者。希望基于对国内国际数字出版业变革的观照与比较，中国数字出版业能在日臻完善的基础上，不断提高中国文化的数字化国际传播能力，将中国文化以数字化形式传播出去，增强中国文化的国际影响力与竞争力，进而完成从文化大国向文化强国的转变。

图书在版编目(CIP)数据

数字出版：国际化变革与发展 / 赵树旺著. —北京：科学出版社，2017.2

ISBN 978-7-03-051117-1

Ⅰ. ①数… Ⅱ. ①赵… Ⅲ. ① 电子出版物–出版工作–研究–世界 Ⅳ. ①G237.6

中国版本图书馆 CIP 数据核字(2016)第 303198 号

责任编辑：张　达 / 责任校对：赵桂芬

责任印制：徐晓晨 / 封面设计：铭轩堂

科学出版社出版

北京东黄城根北街 16 号

邮政编码：100717

http://www.sciencep.com

北京厚诚则铭印刷科技有限公司 印刷

科学出版社发行　各地新华书店经销

*

2017 年 2 月第 一 版　开本：720×1000 1/16

2018 年 3 月第三次印刷　印张：9 3/4

字数：160 000

定价：58.00 元

（如有印装质量问题，我社负责调换）

河北大学科研创新团队培育与扶持计划
（2016 年“一省一校”专项经费）

河北大学中西部提升综合实力
——高层及创新人才培养和引进计划项目专项资金

国家社会科学基金项目
“全球化趋势下我国数字出版产业发展战略研究（编号：14BXW016）”

资助出版

序

数字出版的国际化变革与发展是全球化背景下数字出版从业者与研究者共同关注的现实课题。对于国外数字出版业，我们应进行更多研究、学习与借鉴。欧美数字出版业一直致力于全球化产业布局、内容海量化与专业化、信息服务化、内容与技术集成化，尤其是培生、汤森路透、爱思唯尔等全球数字出版巨头的经营智慧可为中国数字出版业带来诸多启示。对于国内数字出版业，我们应给予更多关注、思考与反省。作为数字出版业国际化进程不可或缺的组成部分，中国数字出版业面临着国内出版体制改革、经济全球化、技术革新化等全新的内外环境。深入探讨国际范围内数字出版业的变革与发展有助于我们对中国数字业进行理性分析与科学创新，从而为中国数字出版业的自身发展与“走出去”奠定理论与实践基础。唯如此，中国数字出版业才能不断提高中国文化的数字化国际传播能力，增强中国出版业和中国文化的国际影响力与竞争力。

自 2011 年开始在中国传媒大学编辑出版专业攻读博士学位，到毕业，再到现在，我的研究兴趣一直聚焦于数字出版，研究之路也一直规范着我这样走下去。2012 年初，我的博士生导师聂震宁先生恰巧开始主持一项国家科技支撑计划项目“数字出版内容国际传播平台应用示范”，项目参与方包括中国传媒大学编辑出版研究中心、北京印刷学院、中国出版集团数字传媒有限公司、中国图书进出口总公司和中文在线，而作为导师开门弟子的我，顺理成章被安排为项目主要参与者。有幸参与这样一个多方巨头共襄盛举的项目，收获之大可想而知。在整个项目的研发过程中，我常常有机会与各方从业者当面切磋与请教，获得了诸多实践经验和理论指导，除了自己写些文章，更与他们合作撰写了多篇关于国内外数字出版的文章。在项目资助之下，2013 年 10 月我与项目组其他成员一起访问和调研了英国牛津大学图书馆、爱丁堡大学图书馆、伦敦威斯敏斯特区的查宁阁图书馆等机构对中国数字出版物的使用情况，之后，我与中国出版集团数字传媒有限公司的战略总监余红女士合作撰写了《从英国视角看中国数字出版内容的国际传播》；同样是在这个项目的资助之下，我与中版数媒的赵菲编辑一起对北京和河北的大学生群体进行了数字阅读的问卷调查与分析，并合作撰写了文章《数字阅读趋势及其产业意义》。2014 年，先生又开始主持一项国家社会科学基金项目"全球化趋势下我国数字出版产业发展战略研究"，我则继续参与其中，进行着数字出版的相关研究。

在与我所指导的硕士生共同学习与研究的过程中，我们也合作撰写了一些文章。根据共同的研究兴趣，我与李建环同学合作撰写了《亚马逊的全球化策略及启示》和《亚马逊数字出版内容传播平台的建构与创新》。基于我在 2015 年赴美国太平洋大学任访问学者期间的调研成果，我与王子宇同学、魏雅雯同学分别合作撰写了《美国社交媒体对消费类杂志的影响》和《美国社交媒体对图书出版与传播的影响》。

蓦然回首，发现自己的研究比较多地关注到了数字出版的国际化变革与发展，且有一定轨迹可循。取舍之后，依照中国数字出版业的变革、欧美数字出版业的实践与创新、美国社交媒体对出版业的影响、中国数字出版内容的国际传播等四个维度为逻辑，成书于此，定名《数字出版：国际化变革与发展》。此番这些文章齐聚于此，不免让我想起当初撰写时的诸般情境。在此谨对合著者一丝不苟的写作精神表示由衷的敬佩，并向她们致以衷心的感谢。

科学出版社的张达编辑对书稿提出了很多中肯的修改建议，并进行了精心校订与创意设计，极大提升了本书的编写质量和美学价值，在此由衷表示感谢。

赵树旺

2016 年 5 月 12 日

目　录

第三章　美国社交媒体对出版业的影响

第四章　中国数字出版内容的国际传播

第一章　中国数字出版业的变革

1　中国数字出版业的变与应变

核心提示：中国数字出版业发生了很多变化，顶层设计促使数字出版业高速发展，“互联网+”思维推动产业转型升级，版权运营与资本运营彰显威力，手机阅读规模化推动数字产品多样化。这些变与应变，将有助于国内数字出版业形成全新的、更加成熟的数字出版发展体系，也有助于中国数字出版业成为国际数字出版业变革与发展的重要组成部分。

“互联网+”思维与实践为中国数字出版业带来了很多前所未有的变化，这些变化将对未来的数字出版业产生深远影响，更将从深层意义上改变中国数字出版业的格局。因此，探讨数字出版业的变与应变之道，必将有助于国内数字出版业的自我认知与调整，形成全新的、更加成熟的数字出版发展体系。

一、顶层设计推动数字出版业高速发展

数字出版业的高速发展得益于政府部门的大力支持，尤其是国家推进数字出版的宏观利好政策的不断出台和各类资金支持的逐步落实与到位。

（一）宏观政策指导与资金支持

2015 年 2 月，财政部发布了《关于申报 2015 年度文化产业发展专项资金的通知》，重点将“推动传统媒体和新兴媒体融合发展”纳入支

持内容，希望借此推动出版业的数字化转型升级，并重点支持出版企业采购传统出版业务流程的数字化改造软件系统、内容资源关联与复合应用软件系统、版权资产管理工具与系统等①。这些举措有助于传统媒体与新兴媒体在内容、渠道与平台等方面的融合发展，既能推动传统出版业向数字化转型，也能让数字出版企业获得更多内容资源，让二者互为补充、携手发展。

2015 年 4 月，国家新闻出版广电总局与财政部联合出台了《关于推动传统出版和新兴出版融合发展的指导意见》（以下简称《融合发展的指导意见》），面向整个出版业提出转型升级的任务与目标，并将出版业的数字化转型升级作为重大项目纳入了中央文化产业发展专项资金的扶持范围。这标志着出版业的数字化发展与融合发展已经步入实质推进的新阶段。《融合发展的指导意见》提出了加强重点平台建设、创新内容生产和服务等 6 项推动融合发展的重点任务。《融合发展的指导意见》实施后，财政方面通过安排中央文化产业发展专项资金、国家出版基金等方式，分别对列入新闻出版改革发展项目库的融合发展项目和涉及出版融合发展的出版项目给予重点支持②。

《融合发展的指导意见》的出台，表明了政府部门对出版业转型升级与发展数字出版业的重视程度和推进力度逐步加大。在该《融合发展的指导意见》的影响之下，全国各地出版企业在 2015 年都开始开设公司、建造平台，积极转型升级。

另外，2015 年年初，国家新闻出版广电总局出台了《关于推动网络文学健康发展的指导意见》，旨在通过推动网络文学作品与作者的实名登记制度，以加强对网络文学从业人员的培训和规范网络文学的内容质

---

① 财政部办公厅. 2015. 关于申报 2015 年度文化产业发展专项资金的通知. http：//wzb.mof.gov.cn/pdlb/zcfb/201502/t20150226_1195176.html[2015-10-11].

② 新华网. 2015.《关于推动传统出版和新兴出版融合发展的指导意见》发布. http：//news.xinhuanet.com/politics/2015-04/09/c_1114918156.htm[2015-10-15].

量管理。作为当前数字出版业中最为成熟的商业模式，网络文学在过去十几年中野蛮式生长，现在的确需要去芜存菁，回归良性的发展轨道。长远来看，这对网络文学乃至数字阅读市场和数字出版业都将是功在当代、利在千秋之举。对网络文学来说，国家对全民阅读的高度重视和相关部门的积极推动既是机遇也是责任，网络文学从业者应该集聚更多的优质资源，不断提升网络文学的价值和含金量，注重改进发展模式。

在上述国家政策及其他相关政策的宏观指导下，2015 年国家财政下达文化产业发展专项资金 50 亿元，共支持项目 834 项，比 2014 年度的 800 项新增 34 项，其中重点项目 478 项，一般项目 356 项；用于推动新闻出版业数字化转型升级的项目进一步增多，由 2014 年的 77 项增加至 2015 年的 98 项①。这些政策与资金支持都将对数字出版业的融合与发展产生了巨大推动力。

（二）人才培养政策与突破

多年以来，数字出版人才队伍建设难以满足数字出版业快速发展的需求，一直困扰着数字出版业的发展。国家和地方政府在 2015 年出台了多项政策，对数字出版人才培养予以激励，因此，数字出版人才培养工作在 2015 年有了实质性突破。

2015 年 7 月，国务院发布了《国务院关于积极推进“互联网+”行动的指导意见》（以下简称《“互联网+”的指导意见》）并重点指出，为了满足“互联网+”时代的融合发展需求，需加快复合型人才培养。《“互联网+”的指导意见》鼓励高校根据自身能力与需求情况开设相关专业，鼓励学校将互联网领域的高级人才请进学校，鼓励引进国内外相关领域的研究成果，鼓励产学研相结合，鼓励校企合作办学，鼓励利用全球人才培养国内互联网领域的人才。在《“互联网+”的指导意见》的指导下，各出版业管理部门、出版企业、相关高校、科研机构和行业协会在 2015

① 王飚. 2015-12-24. 2015 年数字出版收官之年亮点频现. 中国新闻出版广电报，5.

年组织了多次“互联网+”环境下的人才培养研讨会，不断加大数字出版人才的培训力度。北京市甚至将数字编辑职称评审纳入了全市职称评审序列，为全国数字编辑职称评审工作首开先河，并且已在2015年完成职称资格考试用书的编辑修订工作。国家新闻出版广电总局也将在“十三五”期间，进一步推进数字出版人才队伍建设，丰富数字出版人才体系，逐步完善数字出版人才培养体系和机制。

由上可知，数字出版业正获得国家产业政策与资金的大力支持，国家推动数字出版业发展的决心更加坚定，政策和资金支持也更加精准到位，大力发展数字出版业已成为我国迈向出版强国的重要战略。

二、“互联网+”思维推动产业转型升级

在“互联网+”思维的推动下，“互联网+出版”成为2015年中国数字出版业发展的主旋律，出版业多方行业主体纷纷参与数字出版业，创新发展模式。

2015年3月，李克强总理在两会政府工作报告中明确提出“互联网+”行动计划，清晰表明互联网技术是指导中国企业未来转型和升级的主要手段和发展方向。在国家层面的宏观引导下，作为实践“互联网+”思维的排头兵，数字出版业加快发展步伐责无旁贷。《“互联网+”的指导意见》指出，要把互联网的创新成果与经济社会各领域深度融合，推动技术进步和组织变革，形成更广泛的以互联网为基础设施和创新要素的经济社会发展新形态[①]。该《“互联网+”的指导意见》在充分认识到中国“互联网+”发展条件已经成熟的同时，也认识到传统企业的互联网意识和能力不足、互联网企业对传统产业理解不够深入、新业态发展面临机制体制障碍等这些亟待解决的问题。

在上述背景下，新闻出版业的转型升级与融合发展在2015年取得较大突破，转型升级的思路日趋明确。2015年7月，国家公布了第二批170

① 杨婷. 2015. 授权发布：国务院关于积极推进“互联网+”行动的指导意见. http：//news. xinhuanet.com/politics/2015-07/04/c_1115815944.htm[2015-11-01].

家转型示范单位名单①，这些包括报业集团和出版集团在内的传统出版企业率先进行数字化转型与升级，为行业做出表率，从而带动整个行业取得实质性进展。其中，专业出版在特色资源数据库等知识服务模式方面取得的突破尤为显著。如人民军医出版社打造的医学资源数据库，就是通过专业出版资源的数据化和海量化，成功打造了专业领域内优质的内容服务平台。出版资源数据化带来的直接结果就是出版行业数据每年呈现几何级的增长态势。此外，大众出版和教育出版在转型升级与融合发展上也成绩卓著，正在通过服务模式的多元创新、内容运营能力的提升来进行转型升级与融合发展。如人民卫生出版社开发的中国首套国家级医学数字教材，就代表着数字教育产品与服务形态的迅速崛起。

除了国有出版集团，民营书业也正积极、自主地投身于互联网运营之中，并已在互联网与电商市场崭露锋芒。2015 年，一些规模大、实力强的民营书业机构，一直保持着强劲的增长势头。它们不仅参与了传统出版与营销业务，而且积极参与互联网运营，尝试转型升级与融合发展，取得了不俗的战绩。如上海读客图书有限公司、山东天成书业有限公司、山东星火国际传媒集团有限公司、广西英腾教育科技股份有限公司、北京乾坤翰林文化传播有限公司、河南天星教育传媒股份有限公司、阅文集团等 8 家民营书业机构在 2016 年 1 月 6 日的“民营书业峰会”上被评为“2015 年度最佳数字出版机构”。

“互联网+”正在成为数字出版业转型升级与融合发展的战略重点，并将持续为数字出版业的飞速发展发挥重要作用。

三、版权运营与资本运营彰显威力

2015 年是 IP（知识产权）概念的大热之年，包括网络文学和网络影视在内的数字内容版权运营链条已初具规模。通过版权运营，数字内容、

① 魏玉山. 2015. 2014—2015 中国数字出版产业年度报告. http: //www.chuban.ccspecial2613826147201507t20150714_168515.html[2015-10-21].

渠道与用户正在深度交融和转化，数字内容的多元化商业模式和格局正在形成，资本运营正在彰显威力。《指导意见》指出，要强化知识产权战略，引导企业加强知识产权战略储备与布局，支持在线知识产权服务平台建设，鼓励服务模式创新，提升知识产权服务附加值①。

传统出版企业和互联网企业都在向数字出版业进军，并尝试构建新的产业形态，以百度、阿里巴巴、腾讯为代表的互联网巨头在数字内容产业的战略布局效果开始显现。在成立于 2014 年 11 月的百度文学的带动下，腾讯的阅文集团和阿里巴巴的阿里文学也相继于 2015 年 3 月和 4 月成立，并通过吸引名家、并购影视公司、游戏公司等方式，涉足网络游戏、网络影视等领域，逐步打通了从出版的上游内容提供到下游影视改编、游戏创作等多种传播渠道的文化传播产业链②。

京东于2015年4月改版推出的阅读客户端则可以在版权基础上衍生相关产品，包括动漫、影音、游戏等，甚至还能衍生智能硬件设备，由衍生而获得的利润分给相关平台和作者。

互联网企业的这些举措让出版业认识到版权经营可能产生强大效应，也令出版业的版权运营热情高涨起来。不仅中文在线等数字出版企业努力进取，传统出版单位也在积极开展多元形态的版权运营，数字出版与传统出版产业之间基于版权的合作日益加快，版权开发的良性循环正在形成。

同时，跨界的多元合作也正在成为数字出版业在版权运营方面的有效途径。如数字出版业向教育和金融等领域不断延伸与发展，并充分利用自身的资源优势，在信息与知识服务领域探索新的经济增长点。

2015 年，数字出版业与金融业的融合渐趋深入，行业内最早践行全

---

① 杨婷. 2015. 授权发布：国务院关于积极推进“互联网+”行动的指导意见. http://news.xinhuanet.com/politics/2015-07/04/c_1115815944.htm[2015-11-01].

② 魏玉山. 2015. 2014—2015 中国数字出版产业年度报告. http://www.chuban.ccspecial2613826147201507t20150714_168515.html[2015-10-21].

媒体出版的企业之一——中文在线于 2015 年 1 月成功登陆深交所创业板，成为“中国数字出版第一股”。随着数字出版业务的高速发展和规模扩张，中文在线又在当年 9 月成立中文在线集团，成为中国首家数字出版集团。如今，中文在线正在致力于发展“互联网+”思维下的“文学+”与“教育+”，并已初步完成两大战略的发展布局。应该说，中文在线的成功上市不仅是资本市场对中文在线的认可，更是对整个数字出版业发展势头的整体肯定。在这样一个融合发展的背景下，国内数字出版传媒集团将进一步加大并购和融合发展力度，积极拓展行业市场。

四、手机阅读规模化推动手机出版大发展

随着手机等移动终端的普及和移动阅读内容的丰富，用户的注意力正在向移动端转移。当前，我国数字化阅读接触率为 58.1%，已超过纸质阅读率，其中以手机为代表的移动互联网发展迅猛，成为产业革新的有力助推器。据工信部公布数据统计，截至 2015 年 9 月，我国的移动用户规模已接近 13 亿，使用手机上网的用户已突破 9 亿，用手机看书、看报、看视频已成为人们进行内容消费的习惯[①]。移动用户的快速增加推动移动端阅读呈现跳跃式增长。

随着数字阅读率快速上升，移动端电子书阅读量增长显著。于是，手机出版成为数字出版业的突破重点，也为数字出版业提供了重要的发展平台。同时，我国国民手机阅读理念、消费意愿和习惯，都为手机出版的内容生产与运营模式提供了持续的创新动力。

数字产品的社区化带动了定制化和生态化的趋势发展，当前多数客户端产品都具有一定的社交功能，未来媒介将着力构造一体化的内容产品生态链，通过内容和信息服务实现产品价值。如改版后京东阅读客户端致力于打造一个集出版社、版权方和作者于一体的平台，希望能把数

---

① 王飚. 2015-12-24. 2015 年数字出版收官之年亮点频现.中国新闻出版广电报，5.

字版权集中起来，然后再分发给各个渠道。其客户端还增添了阅后即焚、一键购买电子书、智能推荐以及社区互动功能。这样，手机用户可以在阅读的同时，还能跟其他用户进行交流。

处于数字出版前沿的民营“自出版”逐渐显现威力。豆瓣阅读、网易云阅读、当当网、京东等纷纷加入“自出版”的竞争。除了赋予作者更多的出版自主权，“自出版”的体裁更加丰富，内容也更适合手机终端的碎片化阅读，更好地满足人们的移动阅读习惯。相信在未来的很长一段时间里，这种手机阅读与出版内容的竞合与互补将促进数字出版业的优胜劣汰和升级进化。从 2015 年数字出版业的整体发展情况来看，尽管数字出版业的发展仍存在很多难题，国家政策仍需细化和精准，产业竞争格局仍有待调整，版权与资本经营仍有很多事情悬而未决，但无论如何，我们都能从 2015 年看到数字出版业的转型升级与融合发展之光。作为“十二五”的收官之年和“十三五”规划的编制之年，2015 年引领数字出版步入新时期，也推动中国数字出版业成为国际数字出版业的重要组成部分。

2　数字阅读趋势及其产业意义

核心提示：数字阅读的普及将助推全球范围内数字阅读产品转型、创新传播内容和手段、关注终端性能。大学生群体往往成为数字出版商密切关注的消费对象。他们了解数字阅读平台的方式凸显人际传播、内容优势以及专业化内容的不可替代性。当前的数字教材尚不能满足大学生的深度学习需求，需重新界定和理解数字教材的价值诉求，数字化教学产品盈利模式和渠道或将因此改变。

当前，数字化阅读已非常普及，研究受众的数字阅读行为对传统出版商、数字内容提供商、阅读终端技术商的发展决策至关重要。作为数字阅读的主要参与者群体之一，大学生往往成为出版商密切关注的可参考对象。毫无疑问，大学生均有阅读习惯，阅读频率较高，因为阅读本就是大学生学习知识的必要手段和不可或缺的休闲娱乐方式。同时，当前这一代大学生使用电脑、平板、专用电子阅读器和智能手机等数字阅读终端的广度与深度是以往学生所无法比拟的，应该也超过一般人群的使用。根据创新扩散理论，大学生群体是数字阅读普及的早期使用者，事实上引领着数字阅读的潮流，在一定程度上预示着一般群体数字阅读的发展趋势。因此，大学生群体虽然相对一般读者群体尚属少数人群，但其阅读趋势非常值得研究关注，具有重要产业提示意义。

基于对北京、河北两地高校学生（包括新闻传播学、教育学、医学、艺术学、建筑学、英语言文学、哲学、法学等十几个专业的约 700 名博士生、硕士生、本科生，主要是本科生）的问卷调研和分析（发放问卷700份，收回有效问卷697份），本研究获得了一些观察报告及结论，希望对产业未来研发和市场开拓有所启示。

一、大学生数字阅读倾向与阅读终端选择

（一）数字阅读的普及日益改变着数字阅读产业

随着网络时代的来临，数字阅读已明显改变了大学生的阅读方式（如图1所示），74%的受调查大学生倾向数字阅读，这是一个令数字出版商振奋却令传统出版商坐立难安的消息。大学生数字阅读的普及，不仅促使数字出版商向这部分受众高歌猛进、攻城拔寨，也促使传统出版商不断寻求解决转型与坚守的问题，更会带来高等教育文化产业发展的规模化效应，以及如何使包括大学生在内的受众的多样化需求得到满足的思考，进而促使语言、写作、编辑、出版、文化、消费、思维和理解方式发生深层次变化。可以说，受众的数字阅读行为日益影响甚至改变着数字阅读产业的运营模式和传播方式。

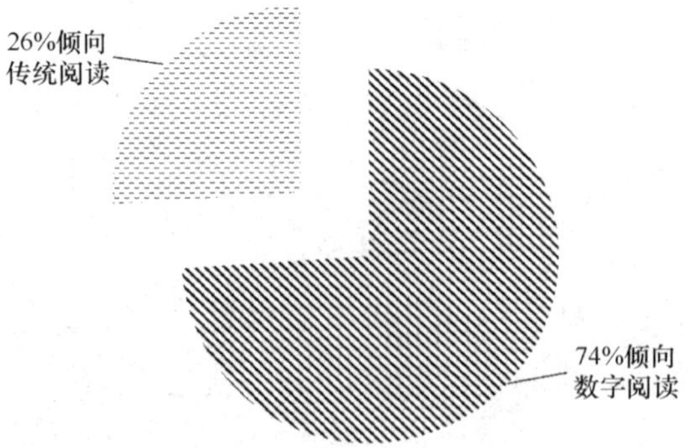

图1　大学生阅读方式的选择倾向

（二）有限数字阅读时间助推传播手段的创新

从阅读时长数据来看，大学生用户几乎都有每天进行数字阅读的习

惯，但多达87%的学生每天用于数字阅读的累积时间低于两个小时（如图2所示）。即是说，虽然多数人倾向选择数字化阅读方式，但使用时间并不太多。究其原因，一是因为大学生群体与普通读者不同，其课外活动多样化，使其没有专门时间进行数字阅读；二是可能耽于电子游戏与网络聊天等；三是学业使其不能全身心投入数字阅读。即便是普通受众，数字阅读时间也还是要受到工作、生活等方面的制约。而且，随着网络应用的发展和信息技术的普及，受众的阅读渠道越来越多样化，出版商创新传播内容和传播手段乃是势所必然。对数字内容出版商和提供商而言，试图全部霸占受众的阅读时间也不可能，所以，更为现实的选择是如何占据受众的有限数字阅读时间，以及在这有限的时间内为受众提供什么数字内容，才能留住受众。

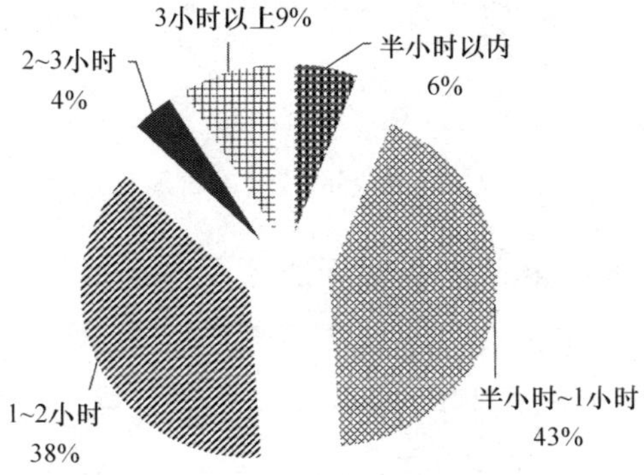

图2 大学生每天用于数字阅读的时间

（三）阅读终端使用比例要求理想设备的开发

相比出版商，技术商可能更关心大学生正在使用什么设备进行数字阅读。多数受访大学生选择手机和个人电脑作为自己首选的数字阅读设备，并且，大学生手机阅读比例已经超过电脑阅读，位列数字阅读终端使用比例之首（如图3所示）。而iPad类平板电脑和Kindle类专用电子阅读器都经历过爆发性的销量增长，人们对平板电脑的未来持乐观态度，因为平板有更丰富的媒体功能，其功能也更类似电脑。应该说，以苹果 iPad 为首的平板设备展示了数字阅读美好的未来，然而，由于许多学生预算有限，远不能配备到人手一台，多数学生也没有足够的钱购买两个设备。因此，理想的数字阅读设备还有待开发，要求具备便携性的同时，还要具备足够的性能、应用与性价比来替代笔记本，显然，功能丰富而低价的智能终端具备更大吸引力，也将更加促使数字阅读成爆发之势。

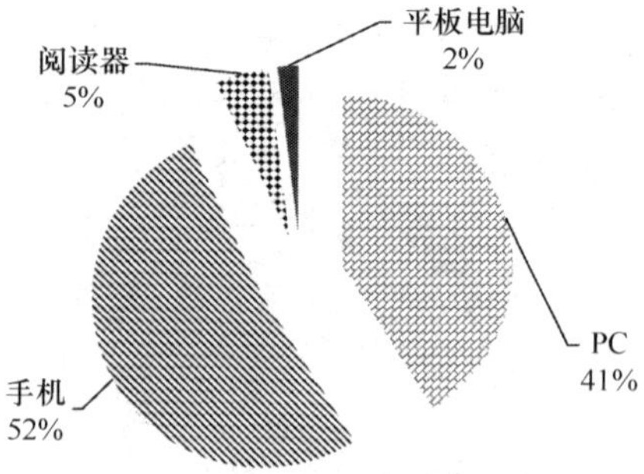

图 3　大学生数字阅读终端使用比例

事实上，这个数据和趋势仅限于阅读器和平板电脑拥有率很低的学生群体，对于那些已经步入社会的职场人士，手机、阅读器以及平板电脑已经一起成为他们进行数字阅读的共选设备。总之，移动阅读以其独有的使用便利、携带轻便、碎片化时间应用等诸多特点，实现了随时随地的阅读行为，日益成为数字阅读的发展趋势，渐成垄断之势，也日益指引着出版商和技术商的努力方向。满腹危机感的出版商更应从移动阅读的做法中汲取经验，借力各阅读终端，为读者创造便利的数字阅读内容与平台。

二、大学生对数字阅读平台的使用

随着数字阅读内容的普及，数字阅读平台已风靡网络。所谓数字阅读平台，是指融合了阅读内容、营销和信息服务的数字支撑平台，包括知网、起点中文、京东、鲜果、豆瓣、移动阅读平台等为代表的一系列平台运营商。数字阅读平台的发展势必影响整个出版行业的发展，而大学生对数字阅读平台的使用行为也将为平台建构提供借鉴，并将进一步推动数字阅读内容的传播。

（一）传播渠道凸显互联网与人际传播

对于接受新鲜事物能力较强的大学生群体，其了解数字阅读平台的渠道较多样化，但分布并不均匀，尤以互联网传播为主，传统媒体报道与广告的力量则相形见细（如图 4 所示）。互联网传播居功至伟无可厚非，值得关注的是“他人推荐”方式占据了次高比例，说明大学生群体处于人口密集所在，口碑传播的作用较明显，与大众媒体传播有很大不同。这应该能为数字阅读平台运营商提供诸多想象，即如何更好地利用互联网与人际传播的复合优势扩大数字阅读平台的品牌知名度、识别度及影响力。

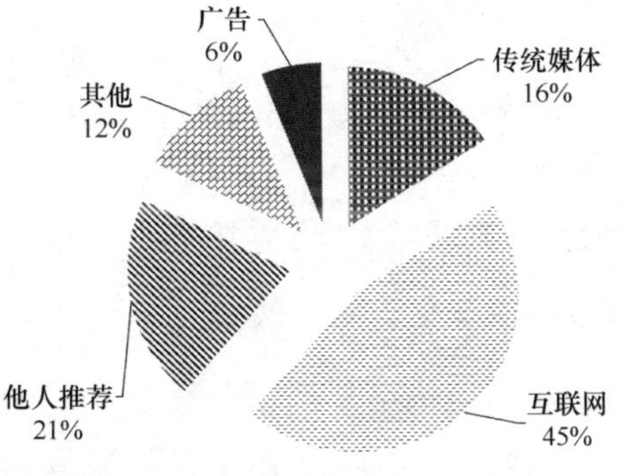

图 4　大学生了解数字阅读平台的渠道

（二）首选免费内容提示出版业的关注方向

浏览资讯与在线免费阅读成为多数大学生群体使用数字阅读平台的首选，购买电子书几乎排至末席（如图 5 所示）。可见，数字阅读之所以受到追捧，很大程度上是因为价廉物美，尤其是一些正在流行的网络文学作品大多可以免费阅读，因为它省掉了传统出版的生产与流通成本。数字阅读平台降低各环节成本所采取的传播手段与合作渠道值得整个出版业好好学习和研究。对于传统出版业，更需要思考如何以独特的内容优势，借力技术传播手段，建构互联网数字阅读平台，以快速提高内容传播能力，获得新的市场竞争力。同时，出版业还需要思考，向读者提供什么样的服务才能尽快获得足够的用户规模，达到平台传播与宣传的目的。

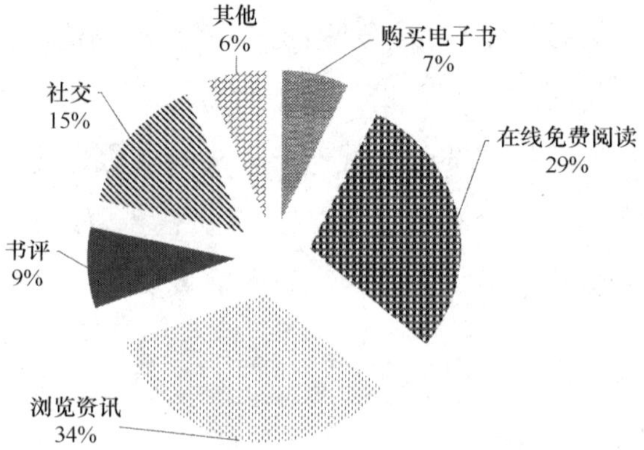

图 5 大学生使用数字阅读平台的兴趣分布

（三）数字阅读平台的关注要素凸显内容优势

与普通用户情况类似，大学生群体在选择数字阅读平台进行数字阅读时，最先考虑的因素不是价格，也不是平台功能交互性，而是平台的内容资源是否丰富（如图 6 所示）。可见，无论是传统出版物还是电子书，俘获读者的第一要素一定是好内容。数字阅读平台的目的之一就是为用户提供海量而优质的、方便实用的数字内容，不但可以节省用户筛选信息的时间成本，还可以从根本上改变移动互联网时代内容“碎片化”严重的现象，有效提升阅读的愉悦感，这是所有致力于数字阅读创新的内容提供商和产品开发商都不容忽视的问题。因此，无论从产品角度，还是从读者角度，都需要出版商、开发商和运营商共同努力，出版商的优势在于好的内容与产品，开发商需要开发出好的平台，运营商主要需要建构庞大的用户规模，三者合力，或可产生真正让用户喜爱的产品，然后必然会有市场，包括大学生群体在内的读者或将乐于付费阅读。

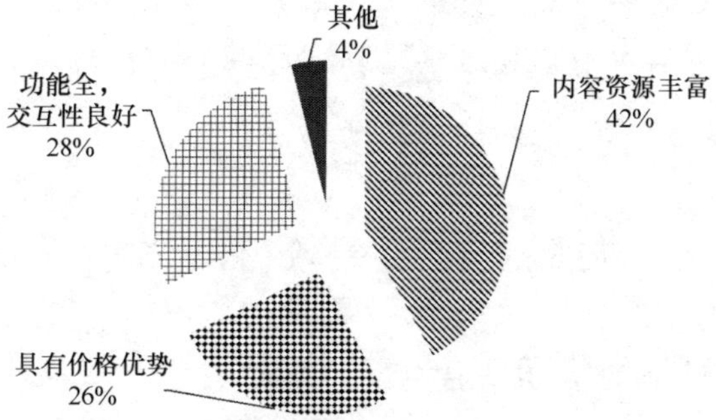

图 6 大学生对数字阅读平台的关注要素

（四）付费倾向凸显专业化内容的不可替代性

“喜欢付费阅读什么内容”恐怕是所有出版商和数字阅读平台运营商最感兴趣的问题了。需要申明的是，此项调查是在假定大学生不得不付费的前提下进行的，而现实中，大学生仍有大量免费资源可以获取。从大学生使用数字阅读平台的付费倾向调查所获得的数据来看，专业期刊成为用户付费的首选，畅销书和原创内容分列其后（如图 7 所示）。

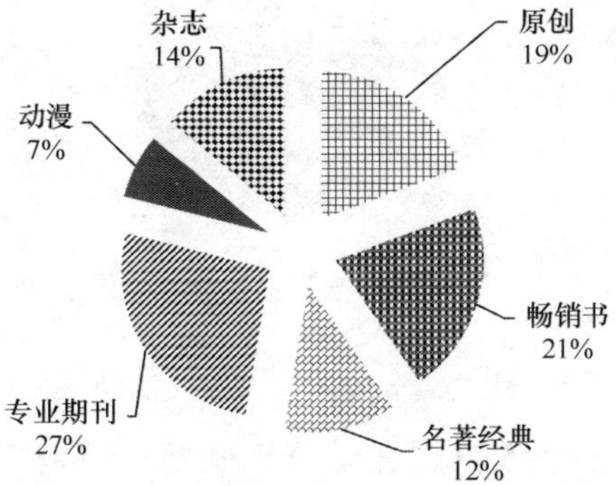

图 7 大学生使用数字阅读平台的付费倾向

之所以出现如此结果，首先，是因为数字化专业期刊是大学生学习与研究的必备工具。其次，是因为数字化专业期刊大多处于知网、万方、维普等学术平台环境中，研究者没有其他免费获取渠道，只好付费下载阅读。这是最关键的结论，正如读者不愿意为《纽约时报》网络版付费、却愿意为《华尔街日报》网络版付费一样，专业化的、不可替代的内容才是数字出版和数字阅读收费的主攻方向。

三、大学生对数字教材的需求程度

（一）数字教材不能满足深度学习需求

这是一个令人错愕的调查结果。尽管图 1 的调查结果显示，74%的受访大学生倾向数字阅读，只有 26%的大学生倾向传统纸质阅读。可是，当问题来到“更喜欢数字教材还是纸质教材”时，却出现了与图 1 截然相反的结果，只有 25%的受访大学生喜欢数字教材，喜欢传统纸质教材的大学生多达 75%（如图 8 所示）。当然，此数据或可稍稍安慰传统出版商那受到数字出版多年创伤的脆弱心灵。

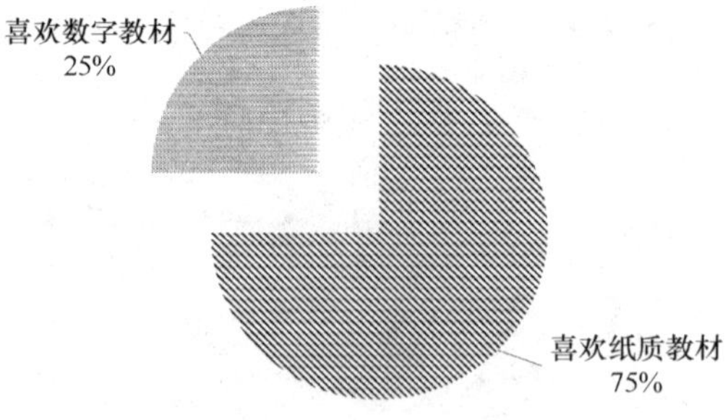

图 8　数字教材与纸质教材的喜好倾向

在回答接下来的问题“为什么？”时，那些喜欢数字教材的大学生给出了如下理由：数字教材图文并茂、轻便、适合自己的专业、因为自己有平板了、PDF 和 Word 比较轻便、传统纸书太重、“翻书”的感觉不在乎是电子书还是纸书……有人干脆回答就是不喜欢纸质的。而拥抱传统纸质教材的大学生则认为，纸质教材有厚重感、有书香（墨香）的感觉、实体物不刺眼、有读书的感觉、电子教材没有书的感觉、阅读纸质教材是一种习惯、喜欢纸质和排版很好的教材、做笔记和复习更方便。还有人回答，如果用 iPad 看教材，确实很方便，但是平时总看电脑，再看数字教材眼睛太累……电脑用多了，对纸质书有种怀旧和亲切感。

一方面，大学生群体更喜欢数字阅读；而另一方面，他们又排斥数字教材。从技术发展的角度看，这一结论不合常理。但从阅读价值的角度思量，问题则迎刃而解。此调查结果表明，数字阅读比传统阅读更适合娱乐化和浅层次的阅读环境与需求，即便对于大学生这个能够很快接受新鲜事物、易于掌握信息技术的群体来说，一旦涉及知识或学术等需要精读和深度阅读的内容，数字阅读方式或数字教材便不能满足其阅读和学习需求，所以大学生才更加偏向于选择纸质教材。

这个结论对于出版商的意义在于，当前数字教材的价值诉求还没有满足学生的需要。尤其是，数字教材的性价比还不足以说明其必须被购买的合理性，或者说还不能阻止学生寻求获取数字内容的替代品。

（二）重新界定和理解数字教材的价值诉求

从另一个角度看，大学生偏向纸质教材、排斥数字教材或许是因为多数大学生没有什么实际的数字内容体验，他们的许多早期体验不过是接触过纸质教材的 PDF 版，而非兼具内容与服务的新一代优质数字产品，自然不太可能获得满足感，也不能意识和体会到新一代数字教材的价值诉求。通过专注于解决问题、模拟、自我评估等方面的数字化环境教学方式，新一代数字教材可以提供个性化的学习解决方案，为学生创造比目前纸质教材及这一代数字教材更大的价值与功能，其定制性和互动性必将吸引学生以及教师的目光。

从当下现实到数字范式的改变，最大的挑战来自如何改变学生和教师根深蒂固的行为模式。随着数字教材和教学平台功能越来越强大、越来越复杂，教师原来用于教导学生解决问题的时间，将来可以用来帮助学生理解和探索更大范围的问题了，课堂活动也得以更加丰富。同时，学生们只是熟悉原有的学习方法，但缺乏新一代数字教材和产品的使用体验与环境。出版业需要做的便是尽可能为其创造这种体验与环境，鼓励大学生积极寻找和应用新一代的数字化学习产品。

（三）数字化教学产品的盈利模式或将改变

当数字化教材和产品变得更加动态、更加交互、更能满足个体学生的需要，并能有效帮助学生节约学习时间和提高学习成绩的时候，大学生或将发现数字教材的价值所在：既提高了便携性，又以较少的现金支出轻松拥有了教材。未来，随着学生越来越多地体验优质数字产品，并通过数字化的动态交互方法轻松掌握艰涩概念、解决复杂问题，他们完全可能喜欢上数字教材，尤其是价格再具有可比性的话。

因为大学生的数字阅读方式和对数字教材的需求倾向，数字化教学产品的盈利模式和渠道或将有所改变。随着日益复杂的师生教学平台的开发，出版内容商和技术商很可能会减少内容所占的价值比例，转而向学生，甚至向大学，收取包罗万象并价格不菲的数字一体化数字教材或教学工具的费用。

对大学生来讲，无论是何种形态的数字读物，最关键是有用并且物美价更廉。大学生是个专业的阅读群体，有着强烈的数字化阅读与学习需求，其特点将不断促使数字阅读内容的呈现形式、传播方式发生变化。对出版业来说，大学生阅读方式的需求与改变既是挑战又是机会，或将促使出版商重新思考自己的角色，从纯粹的实物图书制造者向内容提供者和学习解决方案的服务者转型。不管出版业内人士自觉与否，数字化阅读时代的变革都将是一个持续性的全球化的命题。

3 数字化时代出版美学的继承与创新

核心提示：数字化时代的出版美学既与传统的出版美学研究范式和成果相区别，又将传统与数字出版物的审美特征进行了辩证综合、融会贯通，形成了一种新的理论形态和理论结构，包括了传统出版美学和数字出版美学在内的审美科学。数字化时代的出版美学以融合为基本特征，研究对象的外延扩大了，审美行为与方式发生了改变。数字化时代出版美学借助数字技术丰富出版美学的产品形态，借助数字出版实践丰富出版美学理论，通过创新保持自我完善和发展。

美学是研究人对自然与现实社会的审美关系的一门科学，对各门艺术理论和艺术产品的产生具有方法论意义和指导意义，人类按照美学规律创造和改变世界。出版美学是研究图书出版中审美活动的规律、审美关系的构建以及图书出版美、美感、美的创造的科学[①]。而数字化时代的出版美学应该是包括了传统出版美学和数字出版美学在内的审美科学。

出版美学属于应用审美的部分，是普遍的审美意识与具体的出版活动的交融，进而导致出版活动成为审美的成果。出版美学作为人类审美、创美活动的一个重要方面，越来越受到人们的重视。自从人类开始出版活动以来，出版的内容和形式越来越精美，阅读和审美在人们的审美生活中越来越重要。出版的载体也已历经数次变化，从最初的石头、甲壳、

① 黄理彪. 1999. 图书出版美学的本质、体系与意义. 社会科学家，(5)：11-17.

青铜、竹简，到后来的纸张，再到现在的数字出版和电子载体，包括手机、阅读器、ipad 等各种手持阅读终端，出版的外部技术形态有了突飞猛进的革新。数字化浪潮正在席卷全球出版业，出版活动进入一个新的历史时期：数字化出版时代。数字化时代在改变出版产品的同时，也改变了人类的出版审美关系，改变了出版美学的形态。

一、数字化时代出版美学的本质与继承

出版在人类发展中发挥了重要作用，但人们对出版审美规律的认识却比较薄弱。如何使图书出版更具魅力和吸引力，不仅是文化发展的诉求，也是人类自我发展的诉求。长时间以来，出版美学领域的研究一直看重实践应用，轻视理论研究，或者是实践的归于实践，研究的归于研究，二者未能完美地结合起来，这主要是因为出版美学研究要求研究人员既要熟悉出版理论和实践，又要有深厚扎实的美学理论功底。显然这是一个比较高的要求，也是出版美学研究发展缓慢的主要原因。

出版美学其实是美学与出版学、编辑学和装帧艺术结合的产物。但是，与它们相比，出版美学具有其自身的特殊性，与出版、编辑、装帧艺术等艺术形式相比较，出版美学更注重揭示其中隐含的美学规律，为图书装帧提供普遍性的美学原则[①]。

在我国学术界，真正把出版美学作为一门科学进行研究始于 20 世纪 80 年代。最初也并没有形成出版美学的概念，而是叫编辑美学，人们已经自觉地把美学理论移植到编辑学研究与实践中，编辑美学进入萌芽期。“编辑美学研究编辑活动中编辑主体编者、读者、作者对于编辑活动审美关系和编辑美表现方法的一般规律。其主要内容包括编辑对象美、编辑操作美、编排设计美、编辑信息处理美、编辑风格美。”[②]经过

---

① 黄理彪. 1998. 试论图书出版美学.广西师范大学学报：哲学社会科学版，（3）：84-85.

② 姚德仝. 1992. 编辑美学的研究对象.编辑学刊，（3）：14-17.

多年的研究和发展，编辑美学研究不断深入和变迁，大量的美学理论、概念、原则被成功嫁接过来，加快了编辑美学成长的速度，提供了该学科美学体系的建构必需的理论基础。在20世纪末，学术研究气氛高涨，各种学术思想、流派真正实现百花齐放，许多学者提出了建设出版美学的呼吁。到1998年，教育部颁布《普通高等学校本科专业目录和专业介绍》，其中，“出版美学”已被列为编辑出版专业的主要课程。同一年，《图书出版美学》一书出版，是出版美学研究的一个突破，成为出版美学学科体系确立的标志。该书以美学理论指导出版活动实践，又以出版实践检验和反哺美学理论，从宏观与微观、普遍性与特殊性、横向与纵向、静态与动态、自律与他律辩证统一等各个角度，对图书出版活动的审美规律进行全面系统的研究，从而建构了逻辑结构科学而严密的图书出版美学理论体系[①]。该书作者黄理彪一言道出出版美学的本质。“图书出版美学就是研究图书出版活动中的审美活动和审美规律的科学。”[②]此时，出版美学回答了图书怎样才算美、出版者如何策划才算美、图书装帧如何运用纸张、色彩、图案才是美以及它们的统一关系等问题，最终形成了内在美与外在美归于统一的传统出版美学。之后，人类整体进入数字化网络化出版时代，电子书的车轮、数字出版的形态很快把原有对出版的理解抛在后面，出版美学的界定和内涵也发生了改变，“出版美学的研究对象主要是出版物，包括印刷出版物和电子出版物。具体地说，出版美学主要研究各种出版物的美学本质与特征；各种出版物的内容美与形式美规律；书刊的装帧设计与美化；报纸版面的艺术设计与美化；电子出版物的艺术创意与美化等”[③]。这代表着出版美学的理解进入了数字化时代。同时，随着数字化出版时代的到来和逐步深入，如何与时

---

① 陆善勇.2000.出版美学理论的厚重奠基——解读《图书出版美学》兼议当前的美学研究.广西大学学报，（4）：103-104.

② 黄理彪.1998.试论图书出版美学.广西师范大学学报：哲学社会科学版，（3）：84-85.

③ 刘玉清.2000.出版美学学科建设初探.出版发行研究，（10）：22-26.

俱进地理解和推进出版美学的发展成为值得思考的问题。从本质上看，数字化时代的出版美学既包括传统出版美学，又包括数字出版美学，是一门研究传统出版物和数字出版物中的审美规律、审美关系的科学。但所谓的界定尚在其次，更为重要的是面对出版传播的新形态，出版美学如何进化，并奠定新的数字化时代的出版美学学科体系。

二、数字化时代出版美学的比较与思考

出版美学在其发展 30 年后进入了一个新的时代：数字化网络化时代。早在 20 世纪末，人们就开始想象在未来世界里图书会变成什么样子。如今，亚马逊 Kindle、索尼 E-Reader、苹果 ipad、汉王阅读器等一批琳琅满目的电子阅读器已经大行其道，还有手机和网络，以及各种各样的阅读终端。未来的图书出版可以是纸，也可以是电子书，或者可能是随时随地可阅读观看的立体全息影像书。但无论何种形态的存在，都会触发数字化时代背景下出版美学的一些困惑与思考。

（一）数字化时代出版美学以融合为基本特征

出版美学起源于一般美学的革新与创造，就如同母子关系，其中还繁衍与融合了出版学、编辑学、艺术学等更多广泛的意境。出版美学的形成和发展以对传统的美学、艺术理论等诸学科的吸收融合为基本特征，与其元学科美学之间天然存在着千丝万缕的联系。

美学规律的一般尺度与图书出版规律的特殊尺度的统一、共生，是图书出版美学的重要规律，是其本质规定的重要所在[①]。出版物是按照美的规律来生产的。这种规律包括内在与外在两种尺度。内在尺度指出版物的内容，来源于总体的评价而不是局部的宣扬，外在尺度指出版物的外在设计，来源于外在所带来的宏观效应，两种尺度共同体

① 黄理彪. 1999. 图书出版美学的本质、体系与意义. 社会科学家，（5）：11-17.

现出出版物美的整体的本源。出版美学在这两个尺度方面促进了一般美学的发展。

出版美学从20世纪80年代初到今天，已经被进化为一门专业研究的高度，里面蕴含了时代的印痕，而且形成了完整的部门美学体系，里面又掺杂了一个审美主体对于审美的认识，从出版物设计的局部到整体，强调的都是出版与美学的融会贯通、人与出版物的协调发展。

数字化时代的出版美学既与传统的出版美学研究范式和成果相区别，又是将传统与数字表征进行了辩证综合、融会贯通之后形成的一种新的理论形态和理论结构。数字化时代的出版美学的意义便在于唤起人对传统出版物和数字出版物的信仰与热情，让人类有可能以审美的价值体验方式面对人的自身，面对世界生命运动的壮景。自从出版进入数字化时代以来，出版物的形式出现了剧烈转型，实在的出版物和虚拟的出版物共同形成一种强大的出版美学研究的制约力量，并共同成为数字化时代出版美学的研究对象。数字化时代的出版美学如毛，出版物如皮，皮之不存，毛将安附焉？正是出版物的转型为理论创新提供了现实力量，这就必然要求包括美学、出版学在内的人文社会科学做出相应的转型，对此做出必要的学术应答，并直接体现为理论的突破与创新。

（二）出版美学研究对象的外延扩大了

出版的内容与形式都是一个历史变化着的存在。出版美学在不同的时代有着不同的审美范畴。如果说在传统出版时代，出版美学的审美对象为传统出版物的艺术设计和美学形式，那么数字化时代的出版美学的审美对象发生了改变，进一步包括了数字出版的艺术设计和美学形式。在传统出版时代，出版美学的研究对象包括图书本体、出版策划的流程环节以及图书所用材料、纸、色彩、图案等。而数字出版时代的出版美学的研究对象的外延扩大了，除上述外，还包含数字出版的各种美学外在，如动画、音频、视频等，以及数字出版物的各种表现方式、存储方式、产品形态的审美需求，数字出版时代背景下的出版美学理论建构向研究者和实践者同样提出了挑战。

出版美学是一门侧重于学科交融的科学，数字化时代的出版美学不仅需要学科交融，更需要把握当下。传统的出版美学研究虽成果颇丰，但主要把研究起点放在出版美学概念、原理的介绍、学理的移植等层面，面对新的数字化网络化时代，显得创新乏力，对数字出版的美学研究成果甚少，显示了出版美学体系创新不够的窘境。在数字化时代面前，许多研究者往往局限于对出版实践的具体操作层面的关注，却缺乏高度的宏观的理论观照，使得数字化时代的出版美学的进化缺乏理论的系统性和完整性。

（三）审美行为与方式发生了改变

出版活动中的审美主体包括作者、编辑和读者①。美学包括对审美主体审美行为的研究，出版美学包括对审美主体享受阅读的行为研究。出版美学与满足审美主体的生理需要和享受直接有关，就审美主体而言，阅读快乐表示了感官快适。出版是记录人类成就和思想的工具和途径，也是人类交流感情、取得知识的主要媒介，出版的传统印刷形式蕴含人类审美趋向，主要体现在出版本身和出版内容。

审美主体的阅读行为是有出版美学享受的。审美主体对出版物的审美不只是停留在内容，也关注出版的形式和图书的整体感受，审美主体在翻阅图书时，书籍出版的纸张、色调、形状、线条等各种要素的构成为审美主体带来感官快适。书籍的内容和书籍的外在共同对审美主体产生作用，审美感受是全方位的，有视觉、嗅觉、听觉、触觉和味觉上的联想和通感，审美主体如是享受书籍出版之美。在西方，人们一度认为读书是“优雅与高贵”的专属。人类记忆深处的阅读享受是“香茗在口，美文在手”，让主体产生深邃的思考、灵感的迸发、阅读的愉悦。这个

① 方静. 2011. 编辑出版美学研究对象刍议.漳州师范学院学报，（1）：137-141.

美文说的就是纸介质。

人们会像购买传统的纸质书一样，购买电子版的书籍，但审美行为发生了改变。由于书的存在样态的急剧变化和文字的解放，人们的阅读方式也发生了根本性的变化，超阅读、泛阅读、浅阅读、图像阅读、审美阅读、误读等阅读范式纷纷登场①。审美主体手中换成了电子阅读器、手机或笔记本电脑，所获得的审美感受自是与传统阅读不同。虽没有传统阅读翻阅中与书籍沟通的妙处，但却能通过数字出版、网络出版的生产流程与出版物产生互动、驾驭时空的美感享受。不同的审美方式为出版美学的理论与实践发展提供了不同的美学基础。

三、数字化时代出版美学的创新与发展

人类在不断创造美的图书、美的数字图书，出版美学就需要研究其现象和规律并建构数字化时代背景下新的科学的出版美学体系、新的美学应用领域和新的美学自我完善原则。数字化时代的出版美学应该研究传统出版和数字出版的审美活动和审美规律，并建立一个科学而完整的学科体系。

（一）数字技术丰富了出版美学的产品形态

出版美学既观照出版物的内容美，也观照出版物的产品形态美。二者为主客关系，美的内容是根本，美的形式为内容服务。对于出版物内容与形式的关系需要辩证认识，不管是讲内容还是讲形式都不能绝对化。数字化时代的出版美学在继承传统的基础上有了创新性的追求，基于数字、网络等高新技术和现代生产方式，人类有机会改造传统的美学外在形式，将更多的美学元素注入出版领域。

数字技术丰富了出版美学的产品形态，图书不仅可以以实体形式存

① 陈晓阳. 2011. 后图书时代及其文化特征的解读.出版发行研究，（6）：23-27.

在，还可以以数字虚拟的形式短暂或长久、完整或碎片化地存在。出版美学强调出版物设计的整体艺术形式，要求出版物的各个组成部分，包括版式、插图、字体等，在美学风格上保持统一协调，装帧形式必须适合书籍内容，达到内容与形式的完美统一。数字技术使得出版物的外在形态也发生了革命性变化，增加了出版物的审美附加值，为出版美学的产品形态找到了更好的美学标准，找到了出版物装帧设计中的构图和立体感等美学要素。在数字出版技术的推动下，出版物的产品形态和装帧式样更趋向多样化、个性化、虚拟化和互动性，出版物的制作更加精良、装饰更加华丽、版式更加自由，尤其是数字出版物的表现形式越来越多元化。最美的出版物是内容和形式统一、审美和功能统一的出版物[①]，数字技术将帮助创造最美的书。

（二）数字出版实践丰富了出版美学理论

当我们开始区分“纸质书”与“电子书”的时候，“书”的所指已然不只是限于某种形式了，而是承载了更加丰富的含义。电子书或数字出版，代表了更全面更完美的呈现，文字、声音、影像在出版物里同时呈现，可以随时更新、增加或者删改，改变了审美主体的审美方式。

数字出版的实践活动丰富了出版美学理论。数字出版的“内容”在数字化“处理”中已经被赋予了全新美学内涵。从传统出版到数字出版，要经历一次次创造性的内容处理、内容美化。大型编辑与信息管理技术平台的开发与设计，是一项复合型的美学工程，现代数字技术的发展为这种美学工程提供了可能。

目前，数字出版的传播形态为数字复合出版，即全媒体出版。所谓全媒体出版，就是内容的一次生成、多媒体发布，即图书一方面以传统方式进行纸质图书出版；另一方面，以数字图书的形式通过互联网平

① 方八另. 2011. 书籍之美.出版广角，(8)：20-21.

台、手机平台等终端数字设备进行同步出版[①]。王羲之《兰亭集序》中有“极视听之娱，信可乐也”之语，虽然他讲的是天朗气清惠风和畅的自然之美，但同时说明视听是可以给人带来快乐和美学享受的。基于这个因素，数字出版物的生产过程中亦面临着美学问题，传统的出版形式在这样的背景下，显然会发生许多的改变，国际出版商同样把大量资金投到一种整合了文字与音频、视频和其他媒介的电子书当中，阿歇特集团的大卫·杨称之为“增强版电子书”[②]。这种改变有助于出版美学的发展和完善。数字革命将开启一个阅读和出版美学的黄金时代，更多的人会接触到数字文本。审美对象会有更多的时间来使自己适应美好的数字新世界。

（三）创新理念完善了数字化时代的出版美学

美在理论上是难的，完善与发展更加困难，可谓独上高楼，望断天涯路。出版传播形态的转变，赋予了出版实践者和研究者更多的想象空间和审美空间。出版活动需要出版美学的指导，数字化时代的出版活动同样需要出版美学的指导。今天的出版美学不仅在传统和数字出版物设计上要引进更多的理念，在文字形态、影音形态各方面都需要有创新意识，传统出版美学亦或数字时代的出版美学落实在出版设计实践上就成为一种创意、一种思想，而不仅仅是一种传统出版产品或数字出版产品的设计技能。数字化时代出版美学的实践者除了需要具备原有的策划、文字、设计能力外，审美能力、艺术鉴赏能力、创新能力将成为新的素质要求。

数字化时代的出版美学创新带给读者的不仅是新奇的阅读体验，更为重要的是通过对美学实践创新的理解，完成审美主体与出版物的互动。在这个信息通过数字方式传递的时代，创新本身就足以成为无数审

---

① 郝振省. 2008. 中国新闻出版业改革开放 30 年. 北京：人民出版社.

② The Economist 2010. The Future of Publishing：E-publish or perish. *The Economist*，（3）：31.

美主体的审美乐趣所在，而数字出版的美学创新更能让审美主体感受到美的气息。数字化时代的图书出版在美学价值上所体现出的那种赏心悦目将成为不断赢得受众的关键。数字化时代的出版美学应充分考虑出版物的实用性、社会功用和社会影响力，以及出版的美学外在，即出版物的艺术表现形式。通过内在形式和外在形式的完美结合，才能涵盖出版美学的全部内涵外延。随着研究的深入、认识的深化和出版美学的自我完善，数字化时代的出版美学定会进入一个新的发展阶段，并真正实现深层次的理论超越。

第二章　欧美数字出版业的实践与创新

1　欧美数字出版传播平台的建构理念

核心提示：数字出版内容传播平台是融合了内容生产、管理、营销和信息服务的出版支撑平台。欧美各大出版集团普遍建立了各种类型的信息管理与数字出版内容传播平台，其建构理念主要包括专业化、信息服务化、内容与技术融合集成化。基于全球经验和中国实际，国内数字出版内容传播平台需要解决“定位大而全”及“严重同质化”的问题，构建差异化、专业化、服务化的传播平台。

数字出版内容传播平台是融合了内容生产、管理、营销和信息服务的出版支撑平台。传统出版向数字出版转型最大的难点并不在于资金和技术，而在于能否把握数字出版的特点与本质，进而建立起相应的传播平台。

欧美出版集团持续关注数字出版的观念与技术、现状与趋势、传播模式与市场需求，施普林格、爱思唯尔、汤森路透等出版集团以其庞大的出版资源为基础，对资源重新加工和整合，正迅速完成传统出版向数字出版的跨越，并纷纷构建全球化超级出版传播和服务平台，具体表现为专业数据库平台、在线产品平台、在线教育平台和在线服务平台等；亚马逊、苹果、谷歌等数字出版渠道商和技术运营商借力移动互联和云计算技术，不断成为数字出版内容传播平台构建的先驱；社交类媒体脸书（Facebook）和信息服务类媒体维基百科（Wikipedia）等也加入了数字出版平台的行列，积极参与数字资源市场竞争，持续拓展数字出版的外延。

由于出版类型、需求模型和发展方式的不同，欧美数字出版平台建构体现出各自不同的发展态势和运营理念。而国内的出版企业和技术运营商对于“搭建什么样的平台”及“怎样搭建平台”仍然面临许多困惑，研究欧美国家数字出版内容传播平台的建构，或可带给我们一些启示。

一、专业化：将资源和消费群分类并定向化

专业化数字出版平台常常立足于人们的职业需求与职业提升，其内容具有实用性和专门性，读者的购买与阅读存在必然性，能满足大规模定制要求，能促进其成本与收益的构成，其定位来自对市场和用户资源的分类。英国出版科技集团全球总裁乔治・卢赛斯认为，应该将自己的客户和消费群分类并且定向化，要以消费者的需求为出发点定制内容和商业模式并创造产品，这些都是未来出版商应该关注的[①]。欧美众多出版企业的抛售、兼并和整合行为遵循专业化的规律，主要目的就是谋求市场和用户资源的细分，大家各自获取有用的同类资源，以最终获得更大规模的资源集中和专业化。经过多年的产业运作，通过专业特色的形成和对优质资源的占有与发展，欧美出版集团基本完成了专业化数字出版的转型和传播平台的建构。在全球出版业年度排名前 10 位的企业中，专业出版的总收入占到了 43%[②]，专业出版的增长主要依靠数字出版，数字出版营收的增长主要途径就是数字传播平台。

欧美主要出版集团在构建数字出版内容传播平台的过程中表现出了出人意料的魄力。汤姆森集团认为，如果继续持有其旗下负责教育业务的汤姆森学习出版集团，将影响到整个集团专业化的战略发展方向，于是坚决抛售利润丰厚的汤姆森学习集团，同时并购路透集团，之后全力构建汤森路透数字出版内容传播平台。该平台以专业化信息为主，在

① 王玉娟. 2011. 技术拓展传播平台 变革丰富传播手段. http: //www.bookdao.com/artide/26981/ [2012-12-10].

② 柳斌杰. 2011. 数字时代的全球出版走势.现代出版，(6)：5-10.

法律、金融和科技医疗信息服务专业领域形成独一无二的优势，全球资讯提供商遂成三足鼎立之势——汤森路透、彭博、励讯。而爱思唯尔出版集团旗下的数字出版物也多以科技和健康科学两个专业领域的信息为主，拥有《细胞》（*Cell*）、《柳叶刀》医学期刊（*The Lancet*）等 1800 余种期刊、图书和系列电子产品，内容相当专业，是媒体出版业市场竞争到一定阶段的集团化和专业化的产物[①]。许多传统的专业数据库也走向更进一步的专业化平台建设，法律判例库和医学药品库早已构建了数字平台，传统的图商也转型为 GPS 行车系统或者旅游信息专业平台。这些平台的专业化程度与国内数字平台“大而全”的定位迥然不同。

另外，大学出版社有着天然的专业化理念，其数字专业平台的构建往往专注于学术与教育出版。英国牛津大学出版社的大学出版学术在线（UPSO），旨在打造一个“在全球范围无与伦比的学术出版研究工具”；剑桥大学出版社的大学出版在线（UPO），希望新平台能够成为“全球最大、最重要的数字化学术资料库”[②]。这些数字出版传播平台除了通过数字期刊为科研人员提供引文报告和知识创新成果外，还通过文献计量分析提供科研绩效评价、科研热点趋势及优化决策支持工具，为专业人员提供参考指南以及方便的文献管理及检索策略工具。

二、信息服务化：行业边界趋向模糊

由于产业融合的加剧，数字出版业与媒体产业、信息服务产业结合得非常紧密，内容行业正逐渐被纳入更为宏观的信息服务传播，出版、传媒、教育、服务的行业界限正在被打破。在欧美数字出版内容传播平台建构中，专业化与服务化常常密不可分，你中有我，我中有你，二者并不矛盾与冲突，专业是为了定向服务，服务的目标对象是专业人群。

---

① 王积龙. 2008. 美国出版业的集团化趋于深专业化.出版参考，（21）：37.

② 董云虎. 2011. 把握国际出版业走向. 中国出版，（17）：12.

很多数字出版传播平台兼具专业化与服务化双重特征。许多以传统出版业务起家的大型出版集团纷纷结合自身的特有属性与优势进行转型，信息服务变成了许多出版企业的首选。全球前 10 名的出版商均在专业化的同时表现出走向服务化的鲜明特点，无论是以金融、法律、医学等以信息服务为主的新兴传媒企业，还是以期刊、专业出版为代表的传统出版企业，都朝着信息服务商的方向发展，大量同一类型资源的基础数据库被集中在一起，以满足用户日益增长的大规模定制和大规模搜索的需求。像爱思唯尔集团，定位是“为专业人士提供信息解决方案”，具体做法是抛售了广告和会展等传统业务，集中发展增速更快的信息服务业，在数字产品已经成为其主导产品的基础上，不断推出交互式、多媒体的新的在线服务和应用平台，其数字化收入超过 80%[①]。爱思唯尔的成功带动了很多传统出版企业纷纷转型数字出版平台建构，但是，此时的数字出版产品常常已不是我们所熟悉的传统图书了，如麦格希集团旗下的标准普尔指数（Standard Poor）完全就是金融标准服务平台；爱思唯尔所属的律商联讯（LexisNexis）也主要提供法律咨询、商业信息服务[②]。脸书也于 2011 年推出了单向接收信息的个人信息订阅功能，向信息服务方向转型。

信息服务既包括专业信息服务，也包括教育服务。数字技术正在推进教育的开放化和个性化，从传统教育出版商向教育解决方案服务商转型，排名第一的培生集团就是其中的代表。培生教育帮助人们改善生活与学习、提升职业成就、充分改善生活，为居家、就学、工作中的客户提供学习方案，包括多媒体学习工具。培生教育与 5 个高等教育出版商合作创建了一个通过共享平台出售大学数字教材的公司——聪明课堂（CourseSmart）。聪明课堂提供一种建立在会员制基础上、能够帮助用户随读随记的在线电子书服务。另外，麦格劳-希尔教育集团专门提供全球

---

① 柳斌杰. 2011. 数字时代的全球出版走势. 现代出版，（6）：5-10.

② 同①。

高等教育服务，其数字传播平台包括了专业发展、城市咨询目标评价体系，推出类型丰富的在线教育解决方案。已基本实现全流程数字化。而圣智学习集团志在“改变学习，改变生活”，为全球的大学、教师、学生、图书馆、政府机构、企业与专业人员提供高级定制的学习解决方案。其数字平台包括学术与专业、图书馆、英语教学业务，最特别的是，圣智学习甚至把中文教材服务与前三项在平台上并列呈现，可见其对中国市场的重视程度和服务方向。

三、内容与技术集成化：出版业和 IT 业走向融合

纵览国际出版业，出版业与 IT 业、互联网业越来越走向融合，这也意味着内容、技术、服务之间变得越来越紧密，新的数字出版传播平台技术不断走向成熟。

欧美 IT 企业与各种手持阅读终端企业凭借技术优势一直在完善自身的数字出版内容传播平台，并角力数字出版传播，其服务外延不断扩大，欧美建立了众多 IT 业与传统出版业的合作传播平台，如 Amazon、Google book search、Apple itunes、Sony、Ebrary、Ebook library、My ilibrary、Netlibrary、Live Search Books、Lighting Source、Gibson Livrary Connections Inc、Ovid、Adobe、Safari Bookshelf、Ereader.com、fictionwise、books24×7、questia、Mobipocket、Overdrive、Ebsco information services 等，其中最典型的是亚马逊捆绑阅读终端的信息服务和内容传播平台、谷歌基于关键词搜索的免费内容加广告的传播平台、苹果公司软硬件结合加内容的传播平台。谷歌、苹果和亚马逊三巨头凭借新产品、新服务、新技术、新布局，日益形成包揽整个数字出版传播产业链的强劲势头。如亚马逊的数字出版内容传播平台模式让人目不暇接：通过人工智能向读者推荐读者可能喜欢的图书、在图书里放广告、数字图书馆、读者包月服务项目、通过“现购现付”服务从云计算中获益、X 光智能内容搜索链接系

统、Kindle Fire 平板电脑。谷歌与苹果也动作频频，苹果凭借 iPod、iTunes、iPhone、App Store 和 ipad 等服务和产品构筑了一个全方位的数字媒体平台，并在过去 10 年中成功改变了用户的媒体消费方式。而谷歌数字图书馆一直致力于建构可以通过远程计算机访问的数字化格式存储出版平台，其宏大愿景是成为世界上最大的互联网图书馆。亚马逊、谷歌和苹果固然醒目，那些后起之秀也不甘示弱，Mobipocket 传播平台号称"顶尖内容提供商"，"同一读本，可转换格式，适用于全部阅读终端"；Ebrary 电子书平台对数字内容按照政府、企业、大众、学术、中学教育、出版人等标准进行了详细分类，方便受众消费。同时，产业价值链的变化推动了新业态的发展、传播平台和模式的发展，如各种订阅式获取模式、微支付模式、按需印刷模式、自助出版模式、开放式电子书制作平台、专门的数字内容营销公司等[①]。社交网络脸书收购电子书再次成像软件创业公司 Push Pop Press 之后，试图利用文本、图片、音频、视频和交互式图表等出版技术，开创一种全新的电子书发布平台模式；并与多家报纸、网络媒体与电影、电视剧公司合作，打造新型数字出版平台，已经直接威胁到苹果的业务形态。

在众多数字出版平台商的冲击下，传统企业的盈利受到冲击，并被迫建构自身的数字平台。欧美传统出版企业对数字传播平台的建构更多是通过收购 IT 企业或与 IT 企业合作的方式来获得新技术的采用，与亚马逊、谷歌、苹果等大型 IT 企业合作就是许多传统出版企业的一种重要选择，如传统出版商与亚马逊合作的"批发"定价模式、传统出版商和苹果 iPad 移动下载合作的"代理销售模式"。此类案例比比皆是，如哈珀柯林斯收购 Newstand 公司 10%的股权，获得了完善的数字传播平台建设技术；桦榭美国公司收购了 Jumpstart 公司，拥有了该公司的数字平台广告销售经验与技术，完善了自身的网上销售技术，并迅速推动

① 柳斌杰. 2011. 数字时代的全球出版走势.现代出版，(6)：5-10.

了其所属期刊品牌网站的建设，大幅提高了网站的访问量。从初期来看，传统出版企业与技术商的合作固然可能损伤出版商的利益，但从长远来看，或将有利于整个数字出版产业的发展，有利于数字出版内容传播平台的建设。

四、对中国数字出版传播平台建构的启示

从国际经验看，出版商必须具备完善的数字出版内容传播平台，才能将产品或服务顺利投送给消费者。结合国内实践和实际来看，数字出版内容传播平台的建构已成为出版业的发展趋势，但国内传统出版社的相关理念尚不成熟，也还未采取大规模行动，至今仍不是数字出版传播的主体。凭借技术与资金优势，技术运营商占据国内数字出版90%以上的市场份额，平台建构的主体、终端、业态、技术、渠道等呈现出多元化特点。传统出版社和技术商都在积极思考如何利用好自身资源优势，建设数字出版内容传播平台。同时，数字出版平台要重视对用户市场的培育。数字出版平台在培育用户市场方面要做好两方面的工作，先集聚用户、扩大用户规模，再“锁定”用户、培养用户忠诚度[①]。总体来看，国内数字出版平台的运营流程面临“定位大而全”“严重同质化”等问题，这需要实现两个转变，即：由“大而全”转向定位鲜明、用户细分的差异化、专业化、服务化的传播平台，由技术运营商主导转向出版内容方主导，或内容方与技术方共同主导，最终建立可持续盈利的数字出版内容传播共享平台。

① 刘社瑞，程继忠. 2013. 数字出版平台多维价值探析.湖南社会科学，（2）：260-263.

2 欧美数字出版内容资源的整合路径

核心提示：欧美出版商对数字出版内容资源的整合路径呈现多元化趋势。欧美出版商的第一桶数字出版内容资源来自对自身传统出版内容资源的转化。他们还在全球范围内整合同类数字出版内容、剥离不相关的内容资源。亚马逊、谷歌等数字出版运营商则通过合作与收购的方式获取数字出版内容资源。

数字出版业务和收入已经成为欧美出版商的业务支柱，这一切都是因为他们具有海量的数字出版内容资源作为运营根基。以施普林格、爱思唯尔、汤森路透、威立·布莱克威尔、牛津大学出版社为代表的数字出版内容提供商和以亚马逊、苹果、谷歌、巴诺书店为代表的数字出版内容运营商，都汇聚了大量数字内容资源并建构了数字出版内容传播平台，再辅之以创新性的传播模式与品牌力量，最终得以盈利。

一、将传统出版内容转化为数字出版内容

欧美数字出版业发展的一个重要特点是传统出版巨头在内容方面具备竞争优势。由于对传统出版内容版权的有效控制，传统出版巨头在向数字出版转型的过程中依然能占据核心主体地位，这与中国是迥然不同的。其原因在于，欧美传统出版商一般规模较大，在久远的发展历史中积累了非常深厚的内容资源，一直在某个或某几个专业领域内垄断着相关内容或至少占据明显优势，尤其是其为数众多的期刊和图书资源等传统出版内容成为他们拓展数字出版业务的基石和核心竞争力。通过数

字技术的转换，这些资源很快成为其数字出版形态的内容产品，使得他们较为容易地解决了内容来源、聚集与更新的问题，在满足数字出版内容的海量要求的基础上，较快地度过了数字出版业发展的导入期。

施普林格集团已于线上提供超过 45000 本电子书和 520 万篇文献。这些电子书与文献的学术研究价值很高，更新速度快，非常适合国际传播，而且数据库的建设与管理比较容易，运营模式也相对简单，可以快速地产生商业回报。更为让人震惊的是，施普林格几年来下大力实施的电子书回溯数据库（Springer Book Archive，简称 SBA）在 2013 年年中完成，其中囊括了 1842 年以来出版的 12 万种科学、技术和医学（STM）类电子图书，为科研人员提供了完整的重要文献，便于进行检索和使用①。此举终于实现了施普林格通过“关注其他媒体形式、软件或服务来增强已有产品，成为科学交流链条上的重要环节”的目标。施普林格全球收入中的 2/3 来自电子出版物②。而且，施普林格一直在改进数字出版内容传播平台方面继续加大投资，及时升级数字出版技术、更新数据信息。这意味着传统出版商从技术到内容的彻底变化。

另外，专业出版内容是传统出版商数字化转型中看到的最亮的一抹光线，其相关业务和收入已经成为几个学术专业出版集团的支柱。经过多年的产业运作，通过专业特色的形成和对优质资源的占有与发展，欧美出版商基本完成了专业化数字出版的转型和传播模式的建构。在全球出版业年度排名前 10 位的企业中，专业出版的总收入已占到一半。就目前来看，专业数字期刊、专业数字图书、数字品牌工具书是专业化方向上的成功者，其中尤以高利润的电子期刊最具代表性。爱思唯尔学术期刊数据库是其中的代表性产品，其成功足以证明，数字化时代的专业出版在科技、教育等领域有着得天独厚的优势，不仅具有巨大的市场需求，同时还是数字化时代最先能满足用户需求的内容，因此更容易获得

① 渠竞帆. 2013-09-13. 施普林格多措践行出版创新.中国出版传媒商报，6.

② 同①。

成功。

10 余年来，欧美出版业的收入增长大多来自数字出版内容，而来自纸质出版的收入趋向不稳定，数字出版内容资源渐成现代国际数字出版企业的制胜利器。可以确信，能够在未来同场竞技的不外乎施普林格、爱思唯尔、培生教育、汤森路透、谷歌、亚马逊等为数很少的几家欧美顶级数字出版内容商或运营商，其他的数字出版企业不是没有自己的核心技术，就是没有自己的海量化核心内容，势必只能成为巨头们的追随者。

除了自身的传统出版资源转化之外，数字出版内容资源的竞争还通过并购、剥离、合作等整合方式实现，其指向是数字出版内容资源的海量化、规模化与专业化，最终目标是数字出版内容的国际传播。

二、全球范围内整合同类数字出版内容

面对全球化的不断演进，想要通过单打独斗在市场中独占鳌头很不现实，在此情形下获得增长的唯一办法就是并购。欧美出版业一直通过不断的并购来实现同类数字出版内容资源的整合与集中，战略性的并购能使全球范围内的各种数字出版内容资源得到优化配置与集中，并扩大了企业的内容生产规模。一个企业只有在资产的置换中才能实现内容资源的优势互补，才能更好地集约化和规模化，才能满足数字出版内容市场的海量化需求，从而更好地推动内容的国际化传播。

需要注意的是，对于一个数字出版内容企业来讲，影响其市场价值的核心要素是拥有数字版权的数量和质量，这是西方市场并购重组中的最重要考量。2013 年 7 月，英国培生集团与德国贝塔斯曼集团将各自旗下的出版公司企鹅出版社与兰登书屋合并为企鹅兰登书屋。两家从事大众出版的行业领头羊的合并已经令人震撼，更可怕的是，在接下来的半年多时间中，企鹅兰登书屋进一步并购了全球 250 多家出版社。这个新诞生的企鹅兰登书屋平均每年出版新书 15000 种，潜在市场

实力不容小觑。美国 2013 年电子书畅销排行榜佐证了这一出版巨头的实力与影响力。在 2013 年上半年，企鹅与兰登两者分开统计，下半年才开始以企鹅兰登书屋的名义合并统计两者数据。如果将企鹅出版集团、兰登书屋以及企鹅兰登书屋三者拥有的畅销书算到一起，这个出版巨头共有 478 件作品登上了美国 2013 年电子书畅销榜单，远远高于之前的榜单冠军阿歇特出版集团 258 种书的全年数据，约占整个美国畅销电子书总量的 40%[①]。

专业出版内容的并购模式则呈现多元化场景。一是数字出版商大量收购数字化专业期刊，如爱思唯尔旗下拥有《细胞》《柳叶刀》等 2000 多种顶级专业期刊；二是将用户可能感兴趣的内容从不同的专业期刊中提取、集合在一起，为每个用户的个性化需求提供相应的大规模定制服务而获利。全球第二大 STM（自然科学、工程、技术和医学）出版商施普林格的专业类期刊数据库就持续为全球科研机构与人员提供最新研究成果，满足着这些用户专业化的定制需求。为了保证这些内容的专业性，施普林格的在线期刊数据库建立了严格的同行评议制。其期刊数据库共收录 11 个学科领域的期刊，而学科内部也有明晰的专业细分[②]。专业化内容资源的整合使得施普林格能更好地为科研人员提供精准的信息推送服务。

三、剥离不相关的内容资源

近年来，专注于科学、技术、医疗出版领域的欧美出版商在发展专业出版的道路上表现了出人意表的魄力，走出了一条资产与内容的剥离之路。这也是数字出版业市场竞争到一定阶段的产物。多年之前，欧美出版集团为了做大做强，一直在进行摊大饼式的并购。随着数字出版发

---

① 唐玉屏. 2014.企鹅兰登书屋主导美电子书市场. http：//www.guangyuanol.cn/wenyuan/20140128/146834.html[2014-11-20].

② 孙述学. 2013-08-29.中国数字出版如何立起来、走出去？.中国新闻出版报，6.

展格局的日益清晰，在遵循专业化规律的前提下，欧美各大出版商已不再肆意扩大经营规模。除了继续并购与获取那些对自己有用的同类资源，欧美各大出版商更是集体转向，开始大规模剥离那些与自己主流业务不相关的资产与内容。

从数字业务发展来看，培生、励讯、汤森路透、威科、阿歇特出版集团、麦格劳-希尔等全世界最大的出版商都在谨慎对待扩大产品线，更专注于发展自己擅长的领域。培生集团排名全球第 1 位绝非幸至，其最大手笔就是上文提及的 2013 年将从事大众出版的企鹅出版社剥离出去，只留下了培生教育集团，其专业化的决心与魄力可见一斑。此类案例不胜枚举，如麦格劳-希尔公司为了从全方位内容的信息服务商转变为更加注重针对性和专业性的信息供应商，出售了自己掌管了 80 年的《商业周刊》及另外 60 本杂志，其原因在于麦格劳-希尔认为《商业周刊》等杂志提供的数据还是太大众化，并且不再符合母公司的发展策略，剥离就成为一种必要。又如，作为世界三大科技出版商之一的约翰·威利父子公司在 2012 年出售了以一般消费者为导向的大众出版业务，转而集中精力发展自身的三大核心业务——全球教育、全球学术研究与职业发展。他们认为，数字出版的未来应该是出版商在各自特定领域提供专业化的内容与信息，这些内容可以改变读者和用户的生活，而大众出版领域的旅游书和烹饪书都可以从网上免费获得。

四、数字出版运营商主打合作与收购

在目前的数字出版产业转型期，内容资源已成为欧美数字出版内容提供商与运营商的竞争焦点。在欧美传统出版企业整合数字出版内容的同时，谷歌、亚马逊和苹果等运营商也在经历着复杂的数字化进程①，它们的主要关注点就是数字出版内容资源。亚马逊从一开始就充分认识

① Von Rimscha，M. B. & Putzig. S. 2013. From Book Culture to Amazon Comsumerism：Does the Digitization of the Book Industry Lead to Commercialization，*Pub Res Q*，(29)：318-335.

到了并购可能为公司带来的未来收益，于是，亚马逊不仅积极与出版社展开合作，还斥资收购数字版权。在美国的出版市场上，排名前 4 的大型出版传媒集团已经占据 30%以上的市场份额，排名前 8 的占据了 52%以上的市场份额，排名前 20 的占据 85%以上的市场份额[①]。而亚马逊一直在谋求与这排名前 20 的大型出版企业达成合作，志在获得美国绝大部分传统纸书的数字版权或网络版权。亚马逊一直未停止过收购数字版权的步伐，从 1998 年收购欧洲在线书店 Bookpages & TeleBook，到 2008 年收购用户过亿的全球稀有和绝版书在线超市 AbeBooks，再到 2012 年收购三维地图新创公司 UpNext……亚马逊数字出版内容平台中已有 100 多万种电子书[②]。亚马逊的每次并购都为其自身的进一步发展奠定了基础，并为其在全球化传播与竞争中提供了脱颖而出的海量化资源与不竭动力。

面对数字出版内容国际传播的机遇与挑战，欧美出版商用长远发展的眼光，以自身使命为引线，发挥着他们的时代创造性。中国传统出版商与数字出版商都应看到数字出版发展的更多趋势与变化，借鉴国际已有经验，集聚优势数字内容资源，形成数字出版内容的集约化发展，进而为中国数字出版内容的全球发展提供新的路径与选择。

---

① 李昕. 2013. 数字出版是一盘没有胜算的棋. http：//news.xinhuanet.com/2013-04/07/c_124545502_2.htm[2014-12-28].

② 季守利. 2012. 数字出版平台的几个为什么?. http：//www.chinaxwcb.com/2012-01/06/content_235888.htm[2014-12-28]

3 欧美数字出版商的用户策略及启示

核心提示：用户需求越来越成为数字出版内容国际传播过程中需要注重的核心。许多欧美数字出版商已经建立了专门处理、分析、运用复杂数据的机构，并在为不同用户提供个性化服务的过程中，尝试直接面向用户展开垂直营销、为用户使用提供各种便利、以用户为指向的价格策略、定制出版与按需出版策略。中国的数字出版商需真正树立以用户为中心的经营理念、克服数据处理与分析的技术壁垒、加强内容提供商与技术运营商之间的合作。

随着全球化趋势愈演愈烈、数字技术发展与传播载体的变化，用户需求越来越成为数字出版内容国际传播过程中需要注重的核心。数字出版内容国际传播以用户为中心，以满足用户需要为要义，其发展建立在数字出版商和用户的关系之上。数字出版内容的呈现形态有很多，如数字版权、电子书、数据库、在线服务等，但能否成功进行国际传播，并不取决于数字出版商采取什么形态，用户接受才是最根本的问题，其关键是数字出版商是否能针对不同用户的需求提供个性化的服务。这些都要求数字出版商重新审视原有的传播模式，更要对用户的不同需求进行追踪和分析。欧美数字出版商一直在集中精力寻找使数字内容能最大程度被获取的模式，其传播实践证明，未来，设身处地从用户的角度来考虑开发新的产品和服务将是全球数字出版内容国际传播的重中之重，也会为中国数字出版内容的国际传播带来诸多启示。

一、了解用户需求

数据已经成为过去几年出版业讨论的一个突出话题，欧美数字出版商都在转向依照数据进行决策。在传统出版时代，出版业关于经营与管理的决策都是由专业人士根据多年经验得出的，而非数字和图表。大数据时代，掌握了用户数据就意味着掌握了商机，要想更好地服务用户，出版商必须学会使用数据。出版业正在经历着数据革命，欧美数字出版商凭借分析网站和分析工具获取的数据日益影响着数字出版内容国际传播的方方面面，数字环境下的销售正日益成为一场关于数据的角逐。许多欧美数字出版商正在从 AppAnnie 和 IobyteSolutions 等电子书零售商、消费者分析公司那里获得比过去多得多的数据，其中包括读者阅读方式、购买方式、读者自身信息等；还有许多欧美出版商已经建立了专门处理和分析复杂数据的机构，并将分析结果用于日常运营，尤其是在为市场提供增值产品和服务方面。

爱思唯尔在开发用户数据方面动作频频。2013 年 4 月，爱思唯尔收购了有 200 多万用户的全球三大学术社交网站之一的 Mendeley 网站（另两家是 ResearchGate 网站和 Academia.edu 网站，分别有注册用户 300 万和 600 万），由此掌握了庞大用户群的使用行为数据。依托此网站，爱思唯尔又与英国伦敦大学学院合作建立了大数据研究所和网络分析小组，通过处理和分析学术数据来探索如何满足学术研究者的新需求，这不仅有益于学术研究者的研究工作，也能帮助爱思唯尔了解用户需求，进而开发出用户所需的数字出版内容产品。

在企鹅兰登书屋 2013 年 7 月合并之前，企鹅出版社在 2013 年 6 月开办了一个名为“First to Read”的网站，该网站尝试在图书面市的前几个月向用户提供部分数字内容，用户注册后即可获取新书的电子试读本，从而刺激用户进行购买；而兰登书屋的英国公司也于 2013 年 6 月开办了名为 my-bookmarks 的全球第一家在线用户分析网站，尝试通过常规调查、投票和讨论的方式了解用户需求与意见。

基于对目标用户需求的深入了解，欧美数字出版商足以设计出高水准的数字出版内容传播模式和信息解决方案。

二、满足用户需求

数字出版内容提供商目前面临的最大挑战就是如何将内容更好地通过链接的方式呈现给用户。从发展趋势来看，他们不仅要做内容提供商，还要做信息服务商，即未来的数字出版内容已不再简单地是一篇或多篇文献，而是要对用户所需信息进行内容集合，为用户提供信息的搜索、过滤和索引，实现完备的数字化信息解决方案。其关键在于以用户需求提供创新服务，为不同用户提供个性化的服务，方便用户对数字出版内容的搜索和使用。

（一）直接面向用户展开垂直营销

跨越中间环节，直接面向用户展开垂直营销，是当今欧美数字出版商进行创新的核心。出版商已经普遍开始应用用户行为洞察工具，通过对用户兴趣与消费行为的分析直接对用户进行营销。

对于数字出版商来讲，垂直营销的关键就是要通过博客和微博等社交媒体努力发展在线用户社群，把潜在读者当作真实用户去接近，并把用户聚拢在一起关注和讨论图书。已有出版商成功开发出垂直的用户社群，并通过社群管理者实现了对个体用户和重要机构用户的面对面直销。此类垂直营销的优点是可以使用户一方面，对图书内容产生兴趣；另一方面，让用户对作者产生兴趣，增加图书被读者搜索和发现的可能。与企鹅合并之前的兰登书屋英国公司已在脸书和推特（Twitter）上开办过几个作家大师班，并于 2013 年推出了作者门户网站。该网站不仅在网站上发布最新的营销信息，还设置一些数字化营销方面的最新话题供用户探讨。威利集团的出版理念也从传统出版时代的“以产品为中心”转变为数字化时代的“以客户为中心”，具体表现为由原来“单一直线式”的知识出版转变为出版商与用户“交流互动式”的共同创造，数字化技术手段在为用户获取内容、提供便利的同时，也为出版商获取用户需求提供了便利。

对于由专业出版内容构成的数据库营销来讲，以汤森路透、爱思唯尔、威科、阿歇特为代表的欧美出版商堪称典范。他们之所以成功，非常重要的一条经验就是特别重视国际用户的需求。在进行垂直搜索型数据库产品的前期研发时，这些欧美出版商主要是聘任专家型编辑，通过先进的数字化技术，把用户体验努力做到极致。如爱思唯尔的数据库开发与改进都是基于用户的实际操作体验，从不闭门造车，所以才会受到终端用户的欢迎。同时，爱思唯尔还与谷歌学术平台（GoogleScholar）进行合作，通过链接的方式进行垂直营销。用户在通过谷歌进行相关学术搜索时，就能直接进入爱思唯尔的 ScienceDirect 数据库，这就保证了爱思唯尔的搜索指向及排名。

（二）为用户使用提供各种便利

用户价值观在数字出版内容国际传播中扮演了重要角色，也构成了欧美数字出版商商业模式中最为核心的部分。爱思唯尔一直在努力为用户使用提供各种便利，创新与用户体验贯穿着爱思唯尔业务发展的全过程。2011 年，爱思唯尔在其数字期刊中引入了谷歌地图的功能，谷歌地图的交互性丰富了爱思唯尔在线论文的特性，满足了各学科研究者们通过地理信息数据互相交流的需求。2012 年，爱思唯尔又顺应用户需求，推出了可用于朗读论文的自动朗读阅读器。这种把爱思唯尔高品质的内容和当今科技手段结合起来建立的信息解决方案，能够开启信息的实用功能，使得它符合人们的特定目标需求。

亚马逊一直都在坚守“以用户为中心”的经营理念，这也是亚马逊一直处于市场领先地位的首要原因。从公司最开始成立时，亚马逊就将对用户的重视落实在具体行动上，如“一点通”功能节约了用户的购买时间；“购物建议单”的设置使用户能在最短时限内了解到自己感兴趣的图书。亚马逊的很多其他创新性服务，如推荐类似书目、消费者商品评比、强大的搜索引擎功能、预览部分章节、便捷的购物过程等，都是在以用户价值为核心的理念下开发出来的。亚马逊还是最早采用电子支付方式的网络书店，一举改变了当时“一手交钱，一手交货”的传统销售模式。凭借其电子书销售平台建立的各种便捷性，亚马逊建立了自己忠实的客户群，把全球范围内的潜在消费者变成了自己忠实的拥护者。如今，亚马逊全球独立用户数量早已达到了 2.822 亿。其 35.4%的用户来自北美地区，31.8%的用户来自欧洲地区，24.1%的用户来自亚太地区①。

而谷歌发展数字出版内容的用户策略则另辟蹊径。曾几何时，“整合全球信息，使人人皆可访问并从中受益”成为了谷歌的光荣使命，这意味着用户可以获得极大的便利。在这样一个宏大使命的感召下，谷歌展开了震惊世界的数字之旅。从 2004 年的“谷歌图书馆计划”到 2005 年的“谷歌图书合作商项目”，再到 2010 年的“谷歌电子书店”正式上线，谷歌公司通过这三大图书战略共同完成了“谷歌图书”对数字出版的全球化整体布局。谷歌电子书店上线当天的电子书就达 300 万种，一举成为全球最大的电子书虚拟书店。其中既包括已无处去买的绝版类图书，也包括《纽约时报》畅销书排行榜中的最新图书。谷歌数字图书的远景规划是扫描世界各国 1.3 亿册图书，至 2013 年已扫描 2000 多万册。谷歌书店从一开张就凭借内容和市场优势后发制人，将国际市场上的竞争对手远远抛在后面。之所以能做到这一点，与谷歌以用户便利为核心的经营策略密不可分，其海量全文图书资源为用户带来的实用与便捷使全球亿万用户忠诚于谷歌图书。庞大的用户资源又进而吸引了上游的

① 悦潼. 2011. 亚马逊独立用户 2.82 亿居全球零售网站第一. http：//tech.qq.com/a/20110818/000040.htm[2014-09-10].

内容提供商和下游的终端设备商的融入与合作，谷歌借此占领了数字出版内容国际传播的诸多核心环节，从而实现了对全球数字出版内容行业的主导与整合。谷歌经验的意义在于诠释了数字时代的“用户为王”的理念。

（三）定价因用户不同而不同

价格策略永远是市场竞争中企业取胜的不二法门，但价格策略并非以低价为唯一策略。对于大众出版来说，低价策略无疑正对用户的口味。而对于专业出版来说，如果其专业出版内容是市场中的唯一或处于垄断地位，那么，即便用户喜欢低价，但却也不得不接受溢价甚至高价。

对大众出版的用户来说，高价购买一本纸质书籍不是不可以接受，但若有质优价廉的电子书可买，对他们来说则是再好不过的了。亚马逊的电子书定价恰恰满足了用户的这一需求。2010 年之前，亚马逊与出版商之间采取了一种“批发定价”模式，在此模式下，亚马逊向出版商支付书款，并自行决定对公众的售价。这就使其能够将很多新的电子书与畅销电子书定价为 9.99 美元，而这一价格往往比其进价还低。对于那些希望以最少的付出得到最大收获的用户来说，在亚马逊平台消费电子书就成为一种自然选择。亚马逊这样做当然是为了快速占领用户市场，但这导致了亚马逊与出版商之间的一些冲突。出版商们忧心这会让用户期待所有电子书都应是低价的，他们还担心螺旋式下降的电子书价会进一步侵蚀他们本已微薄的利润。于是，出版商们转而求助苹果公司帮助他们抗衡亚马逊，而苹果公司也急于为其 iPad 的用户们收揽数字出版内容资源，双方一拍即合，达成了一种“代理定价”模式，即由出版商确定电子书的发售价格，而苹果公司从销售收入中抽成 30%。其结果是，亚马逊也被迫与几大出版商达成了类似条款，一些热门电子书的售价因此回升至 12.99 或 14.99 美元，好在这个价格仍旧处于用户的接受能力之内。可见，无论存在怎样的冲突，低价策略一直都是大众化数字出版内容的关键因素。

相对于上述低价策略，欧美数字出版商的经营中还存在另外一个罕见现象：高价策略，甚至，出版晦涩难懂的学术期刊堪比开动印钞机。化学期刊《四面体》数据库的全年订阅费用就要花掉一家大学图书馆 20269 美元，《数学科学学刊》数据库也要花费 20100 美元[①]。诸如此类的恐怖天价直接导致坐拥 2000 多本全球顶级期刊的爱思唯尔持续获取着高收入和高利润，这一切只因为专业化的期刊内容是专业的、不可复制的、无可替代的，所以爱思唯尔等专业数字内容提供商才能获取高价策略。他们不是没有考虑用户的感受，而是他们已经专门分析了用户的接受程度。因其用户主要是大学图书馆等机构用户，而这些机构用户不得不为其大学教员等个体用户支付购买专业化数字内容的研究成本。于是，对信息明码标上高价，追求最终的利益最大化，就成为了爱思唯尔等数字出版商的运营法则。

（四）定制出版与按需出版契合用户需求

定制出版和按需出版是数字化时代最能满足用户需求的内容传播方式。定制是专业数字出版内容领域的关键词。定制的量刊模式就是通过收购大量的数字化内容，并将用户可能感兴趣的内容从不同的数字图书或数字期刊中提取、集合在一起，为每个用户的个性化需求提供相应的大规模定制服务而获利。全球第二大 STM（自然科学、工程、技术和医学）出版商施普林格的专业类期刊数据库持续为全球科研机构与人员提供最新研究成果，满足着这些用户专业化的定制需求。为了保证这些内容的专业性，施普林格的在线期刊数据库建立了严格的同行评议制。其期刊数据库共收录 11 个学科领域的期刊，而学科内部也有明晰的专业细分。

按需出版的主要方式为通过电子书的网络传输进行全球按需印刷。

① 赵树吅. 2013. 学术与学术出版的冲突. 现代出版，（1）：74-76.

欧美数字出版商近年来对按需出版的探索从未停歇，其组织架构、业务分工都随之进行了全面调整，图书的数字版权贸易、内容生产和全球营销等所有业务都在随之改变，同时，数字出版商急需在开拓传播渠道、适应新的阅读终端等方面实现创新。

许多欧美出版商都意识到了按需出版在数字出版领域的重要意义，纷纷发展按需出版业务。在国际出版界，按需出版已成为普及之事。无论是一般出版商，亦或大学出版社（如剑桥大学出版社、哈佛大学出版社等），还是线上线下图书分销商（如亚马逊、巴诺连锁店等），甚至印刷机构，都在积极参与按需出版业务。英格拉姆出版集团的数字印刷已经服务了全球 2.9 万家出版社，印刷了 1.35 亿册图书。随着数字出版技术的发展、成本的下降，它们的目标是将数字印刷比例由 36%提高到 80%，建立世界上最棒的图书发行体系[①]。而美国全球按需出版公司除了在本土发展按需出版之外，还积极在全球进行业务拓展，包括与中国的安徽教育出版社、福建教育出版社等多家出版社建立合作关系。通过全球化的发行、印刷和分销网络，其按需出版业务已涉及 27 种语言、30 多个国家。

三、启示：理念与技术

全媒体时代的关键在于，传统出版往往以产品为中心，而数字出版内容传播则以用户为中心。传统出版内容传播的根基立足于出版商和作者之间的关系，而数字出版内容传播的发展立足于出版商和用户的关系。就此，中国的数字出版商可以从国际同业处学到很多经验。

首先，真正树立以用户为中心的经营理念。对于中国数字出版内容国际传播而言，体制机制的改革是基本前提，内容是核心问题，传播渠道是重要途径，用户策略是关键能力。数字出版内容的呈现形态有很多，

① 任晓宁. 2013-09-05. 中英数字出版的共同命题：技术创造出版业新未来. 中国新闻出版报，8.

如数字版权、电子书、数据库、在线服务等，但能否成功进行国际传播，并不取决于采取什么形态，用户接受才是最根本的问题，数字出版内容国际传播要针对不同用户的需求提供个性化的服务。当前中国很多数字出版商的弊病就是盲目发展，忽略用户需求，甚至忘记了企业发展的目的是为用户提供优质服务。要想在全球化市场中脱颖而出，最重要的还是要以国内国际用户为中心调整运营策略，这样才能培养忠实用户。

其次，解决技术问题。了解客户需求早已不再依靠主观判断，而是依靠数据和技术，这也是中国数字出版商与国际出版商的差距所在，所以，克服数据处理与分析的技术壁垒成为企业创新的重要手段。这就要求内容提供商加强与技术运营商之间的合作。只有这样，中国数字出版企业才能更快地走出技术困境，更好地通过技术获知国内国际用户的需求，也才能扩大中国数字出版内容的市场份额，提升竞争力。

总之，中国的数字出版商需要通过合理的数据分析工具去识别和找到国内国际用户，了解用户，找到联系用户的渠道，然后通过数字化方式将用户群体分类、精准定向，并以用户需求为出发点，以符合用户使用行为的形式进行数字出版内容的生产与传播，从而实现中国优秀数字内容的国内国际传播，提升中国文化软实力。

4 欧美学术与学术出版的冲突*

核心提示：如果一项研究是由纳税人或慈善团体资助的，其研究成果就理应由大众免费享用。学术期刊的目的本就在于把最好的研究成果公之于众，许多学术出版商却反其道行之。学者和纳税人创作了内容，回过头来却要付费阅读自己创作的内容。这不仅荒谬，而且不公，还阻碍了教育和研究的发展。欧美学术界开始联合抵制大型期刊出版商，学术出版的改革势在必行。

一、信息的价格

欧美传媒业有一个罕见现象：出版晦涩难懂的学术期刊堪比开动印钞机。化学期刊《四面体》（Tetrahedron）的全年订阅费用就要花掉一家大学图书馆的20269美元，《数学科学杂志》（*Journal of Mathematical Science*）也要花费20100美元。2010年，全球最大的学术期刊出版商爱思唯尔全年营收20亿英镑（约为32亿美元），净利润为7.24亿英镑（约为11.6亿美元）。2011年，其全年营收达21亿英镑（约为33亿美元），利润高达7.68亿英镑（约为12亿美元），利润率从2010年的36%劲升至2011年的37%。利润如此之高，主要是因为期刊内容大多由研究者免费提供，而负责同行评议的学者也通常自愿无偿服务。出版的期刊随后

---

* 本文编译自英国《经济学人》杂志2012年4月14日文章《学术出版：芝麻开门！》（*Academic publishing: Open sesame*）和2012年2月4日文章《科学出版：信息的价格》（*Scientific publishing: The price of information*）。中文标题、摘要、关键词由译者自拟。段落、语句先后顺序有调整。

又将成品卖回这些提供免费内容和免费劳力的高等院校。对于公共资金资助的科研项目来说，结果就是：学者和纳税人创作了内容，回过头来却要付费阅读自己创作的内容。这不仅荒谬，而且不公，还阻碍了教育和研究的发展。

出版商坚称，高定价既是高质量的保证，也是为了弥补同行评议、编辑和发行环节的管理成本。爱思唯尔坚持认为自己被误解了，集团财务状况的确高歌猛进，但集团全球学术公关总监尼克·福勒表示，其旗下期刊定价仅为业内平均价格，在过去几年，他们的涨价幅度低于其他集团的同类刊物，令人艳羡的高利润只能说明他们管理的高效。

的确，期刊的成本不可能为零，但互联网肯定预示着期刊成本的下降，而绝非上升。在过去 10 年中，许多低成本运营的在线期刊和论文数据库大量涌现，其中一些就是由对学术出版商不满的学者所建。更有甚者，一些学术刊物的整个编委会集体辞职，转而另起炉灶，创办了一些低价格、获取权限宽松的刊物。2006 年，由于担心价格过高会影响内容获取，爱思唯尔旗下的数学杂志《拓扑学》（*Topology*）的编委会集体辞职。德国施普林格出版集团旗下的数学杂志《K-理论》（*K-Theory*）的编委会也于 2007 年离职。

二、芝 麻 开 门

2012 年 1 月 21 日，剑桥大学数学家、数学界的诺贝尔奖——菲尔兹奖 1998 年得主提摩西·高尔斯博士发表博文，列举了自己长期抵制爱思唯尔学术期刊的原因。这家总部位于荷兰的出版社旗下共有 2000 多本期刊，其中不乏《细胞》和《柳叶刀》这样的顶级刊物。然而，高尔斯博士却对爱思唯尔毫无好感，并希望自己的博文能激励其他学者一起联合抵制爱思唯尔。高尔斯博士突如其来的怨气有三。首先，爱思唯尔的期刊要价太高。其次，爱思唯尔一贯将期刊捆绑销售，图书馆其实只需要订阅某一种期刊，却不得不全套购入，其中当然包括一些不需要的期刊。再次，爱思唯尔支持一些法案的订立，诸如《研究成果法案》，这项法案一旦获得美国国会通过，将禁止政府免费公开受纳税人资助的科研成果。

一石激起千层浪。受到高尔斯博士文章的启发，响者云集。数学家泰勒·内伦起草了一份在线保证书，截至2012年7月，全球已有12000名研究者签署了这份保证书，承诺不再向爱思唯尔的期刊投稿，也不再帮助爱思唯尔审稿和编辑论文。借用一个数学术语来形容，参与人数呈幂级增长。果真如此的话，现有学术出版商将面临一场革命。

三、一 团 乱 麻

无论如何，内伦博士的诉求反映了学术界和学术出版商之间矛盾的扩大化，尽管在线出版的崛起已在大大缓解这种冲突了。学者们身处学术自由的氛围之中，推崇信息的自由流动，为杂志编稿和审稿却分文不取，对商业化学术出版的不满情绪由来已久。而商业出版机构掌控着许多（但并非全部）最负盛名的科研期刊，对信息明码标价，追求最终的利益最大化。

这种局面已经存在多年了，矛盾拖延至今才爆发，让很多人称奇不已。学者们是互联网的最早使用者，他们也最有可能借助互联网将出版商踢出战场。学术界早已有意创造新的平台替代商业出版。康奈尔大学的arXiv网站（读音与“archive”相同，X代表希腊字母“chi”）创建于1991年，研究者们可以将（还）未在期刊发表的数学和物理学论文上传至该网站。事实上，每天都有数千篇论文上传。公共科学图书馆（PLoS）创建于2000年，拥有7家免费期刊，内容涵盖生物和医学领域。

但是，撼山易，撼权威期刊难。无论学界投入了怎样的热情，传统出版商依然有理由继续掌控大局。arXiv 网站的论文在发布后遭到无情指摘，由于在发布之前并未经过正式的同行评议，因此论文质量参差不齐。公共科学图书馆的部分经费来自捐赠，同时还收取每篇论文高达2900 美元的版面费。这笔费用须由作者支付，对囊中羞涩的大学院系来说，这是一笔很大的开支。此外，学界对于只在电子媒体上发表论文仍旧心存偏见，相对于印刷出版物，人们往往不那么看重网络出版。研究者们希望自己的研究成果出现在最负盛名的期刊上，以擢升自己的事业。而这一点至关重要，因为大学院系（以及院系中的研究者们）评估既看重发表论文的数量，也看重论文发布期刊的声望。年轻人有可能更加喜欢新鲜事物，但若想获得认可和晋升，他们仍需在现有的有声望的期刊上发表文章。而所谓“声望”的获得是个缓慢的过程，因为最负声望的期刊有权挑选最新最好的文章，在它们的领域继续保持必读性，并因此掌控定价权。如之奈何？

四、出版或出局

有一简便方法，既可以扩大公共资金资助的研究成果的开放范围，又能为新生期刊塑造公平的竞争环境。资助学术研究的政府机构应要求研究成果免费向公众开放，资助研究的慈善团体亦应如此。这样，众多研究者再也不能在封闭式期刊上发表文章，这既能扩大研究成果的开放范围，又能大大助力开放获取类期刊。有一些迹象表明学术出版正在改善。英国政府计划强令国家资助的研究项目实行开放获取。维康信托基金会每年投入 6 亿英镑（约为 9.5 亿美元）的研究资金，这家医疗慈善机构已要求其资助的研究在出版 6 个月后实现开放获取，但执行率仅有55%。该慈善机构宣称，将对科学家采取“强硬”措施，比如扣发未来的资助金，以此来禁止他们在限制获取的学术期刊上发表论文；同时维康信托基金会还在创办自己的开放获取类刊物。在大洋彼岸，美国国家卫生研究院要求其资助的研究成果必须向所有公众在线开放。最近，期刊出版商试图抵制这项规定，最后以失败告终。这是个好消息，但还不够，同样的要求应延伸至联邦资助的所有科研项目。

即便纳税人和慈善机构资助的科研项目实现开放获取，也未必就是学术出版商的世界末日。商业出版商也已开始尝试开放式获取理念，如不再向读者收取阅读费用，而是向发表论文的作者收费。同时，一些期刊出版商已经在有限拥护开放获取了，比如允许学者将论文放置在他们自己的网站上，或者在付费壁垒上设置一个期限。但是，如果抵制活动继续发展下去，事态将变得更加急迫。毕竟，相对于学者依赖出版商，出版商更加依赖学者。上位者往往看似不可战胜，其实崩塌只是一瞬间。因此，要时刻关注学者的崛起。

对于由国家或慈善机构资助的科研项目来说，强势的强制措施会让出版商在免费获取方面步子迈得更大一点。学术期刊的目的本就在于把最好的研究成果公之于众，许多学术出版商却反其道行之。学术出版的改革势在必行。

5　亚马逊的全球化策略及启示

核心提示：亚马逊不断创新自己的全球化战略，一直稳坐电子商务企业的第一把交椅。其主要的全球化战略包括客户需求至上、打造强大的电商平台、聚焦科技创新、坚持多元化经营、进行战略性收购、重视中国市场等。

全球化的进程不断加速，全球化的竞争不断升温，全球化策略在企业中的重要性日趋明显，应对全球化、挑战全球化对每一个电商企业来说都是一场必须经历的考验。在应对全球化竞争的过程中，亚马逊别出心裁，独树一帜，紧跟时代发展步伐，积极把握市场走向，不断创新自己的全球化战略，并凭借卓尔不群的全球化经营，一直稳坐电子商务企业的第一把交椅。

一、客户需求至上

在全球化趋势愈演愈烈的今天，究竟什么是企业应该注重的核心？亚马逊发展的每一步都把客户需求放在核心的位置。而恰恰是这种最淳朴的“以客户为中心”的经营理念推动着亚马逊稳步前进，也是亚马逊一直都领先于其他企业的最重要的原因。虽然很多企业也都宣扬自己秉承“顾客至上”的理念，但大多数只是停留在空洞口号的层面上，在实际工作中它们可能会对顾客的需求弃之不顾。而亚马逊对顾客的重视程度落实在每一个行动上，公司最初成立时，“一点通”（one-click）设计是为了给消费者提供便利，节约消费者的购买时间。

设置“购物建议单”也是亚马逊对所有顾客的贴心之处之一，借助购物建议单，顾客能在最短的时间内了解到自己感兴趣的所有书籍和商品。借此，亚马逊建立了自己忠实的客户群，成为真正意义上的全球化企业。

二、强大的电商平台

亚马逊是最早采用电子支付、信息传递方式的网络书店，是它改变了“一手交钱，一手交货”的传统销售模式。由于开拓电子商务的速度远远领先于其他企业，所以当其他企业开始着手电子商务业务的时候，亚马逊已经凭借这个平台“笼络”住了众多的消费者。同时，也正是电子商务销售平台的便捷性使得亚马逊可以网罗世界各地的顾客，使其触角遍布世界每一个角落。在 1995 年创立之初，亚马逊的目标市场就不仅仅局限在美国市场，而是志在全球化的网络销售平台。经过十几年的发展，亚马逊充分利用电子商务的优势，一跃成为全球最大的电子商务公司。凭借如此强大的电子商务运作平台，亚马逊在全球经济竞争不断升级的过程中，一直领先于其他竞争者，不断扩大自己的辐射网，把全球范围内的潜在消费者变成自己忠实的“拥护者”。

三、科 技 创 新

在这个信息化时代，科技竞争是全球化竞争的重要组成部分。“科学技术是第一生产力”，在全球化的进程中，一个企业想要获得长足的发展，没有过硬的科技创新能力是不可能的。科技创新的速度与质量决定了企业向前发展的程度。在科技创新的实践中，亚马逊一直坚持为了客户而创新。亚马逊的 CEO 贝佐斯始终强调亚马逊首先是一家科技公司，其次才是零售者，科技是亚马逊的灵魂。众所周知，亚马逊最具代表性的创新便是 Kindle 系列产品，还有云计算服务。Kindle 使得读者在任何时间任何地点都能阅读自己喜欢的数字读物；云计算则大大推动了亚马逊的全球影响力，目前 Etsy、Netflix、Quora、Dropbox 等许多知名企业都在采用亚马逊云服务。

四、多元化经营

成立之初，亚马逊只涉足图书领域，但是要在这个全球市场中生存，仅靠“卖书”是不够的。在全球市场中，多元化经营有利于分散企业面临的风险，提高企业经营的安全性；还能促进企业原有业务的发展；同时多元化经营也能促进企业涉足发展前景好的行业。亚马逊在不断发展的过程中就一直努力逐渐向多个领域、多个行业跨越发展。如今的亚马逊已经涉足图书出版业之外的众多领域。亚马逊的产品之多、分类之全让人感到不可思议。“您需要什么，亚马逊就为您提供什么”成为亚马逊的日常状态，此举保证了亚马逊的全球认知度。

五、战略性收购

面对全球化不断演进带给市场的“惊涛骇浪”，想要单凭一己之力在市场中独占鳌头是不现实的。在当今的国际市场中，如果哪个企业能撇开与其他企业的合作而成为国际竞争中的佼佼者，那它无疑是这个市场中的“神话”。但遗憾的是，这样的“神话”并不多见甚至并不存在。在企业推行全球化策略的过程中，战略性的兼并收购能使全球内的各种资源得到优化配置，并扩大企业的生产规模。在公司成立初期，亚马逊就充分认识到了兼并收购可能为公司带来的后期收益。从 1998 年 4 月 27 日同时收购英国最大的网上书店 Bookpages 和德国最大的网络书店 TeleBook，到 2008 年 12 月收购用户过亿的全球稀有和绝版书在线超市 AbeBooks，到 2012 年 7 月收购三维地图新创公司 UpNext，再到 2012 年收购自动化机器人公司 KivaSystems……亚马逊的每一次收购活动都为它自己的进一步发展提供了动力，也为在全球化竞争中脱颖而出奠定了基础。亚马逊的收购活动体现出了多样性和差异性。收购活动的多样性和差异性保证了亚马逊敢于应对全世界范围内来自任何一家企业的挑战。

六、重视中国市场

亚马逊早已意识到了中国市场的潜力，不断增加在中国的投资是其应对全球化竞争的重要举措之一。亚马逊从 2004 年收购卓越开始，到 2012 年大举进军中国，到北京地铁站铺天盖地的超短网名“Z.CN”的海报宣传，足见其对中国市场的深谋远虑。亚马逊成功将其全球领先的网上推销才能与卓越网深厚的中国市场经验相结合，为亚马逊的全球市场份额做出了真正卓越的贡献。可以预见，随着亚马逊硬件设备 Kindle 系列产品的杀入，中国电商平台的竞争将已潮起云涌。凭借中国这个庞大的市场，亚马逊将会在全球化的道路上越走越远。

七、对中国电商企业的启示

亚马逊的全球化策略对中国同类行业带来很多启示。首先，电商企业要真正树立以客户为中心的经营理念。当前中国许多电子商务行业普遍的弊病就是盲目进行市场竞争而忽视了企业的初衷：为客户提供优质的服务。要真正在全球化市场脱颖而出，最重要的还是要以客户为中心调整自己的企业战略，“培养”企业的忠实用户。其次，克服技术壁垒，加快自主创新步伐。目前，国内市场上的电子商务企业大多都是模仿其他国家的技术，其自主创新能力很弱，与国际先进技术的差距是国内电子商务行业长期处于劣势地位的瓶颈，加强企业的自主创新能力是提高企业国际竞争力的重要手段。再次，加强企业之间的合作联盟。目前，国内的电子商务行业大都规模比较小，在国际上的影响力不大。努力寻求企业之间的合作是小企业共同应对市场风波、扩大市场份额的方法之一。最后一个启示就是，既然亚马逊能杀进来，那中国的电商也要勇于冲出去，以攻代守才是王道。

6　亚马逊数字出版内容传播平台的建构与创新

核心提示：亚马逊数字出版内容传播平台主要依托先进的互联网技术与网络平台，进而实现营销平台的建构、深度的内容运营以及技术与产业的结合，同时充分发挥互联网的国际化优势，有效帮助出版内容以数字化方式进入国际市场，在国际市场中提高自己的竞争力。

早在 20 世纪末，人们就开始想象在未来世界里图书会变成什么样子，未来书店会变成什么样子。如今，Kindle、Nook、iPad 等一批琳琅满目的电子阅读器已经大行其道。亚马逊更以 Kindle 为载体打造了数字出版内容的传播平台，即亚马逊网上书店（amazon.com）。应该说，亚马逊平台在这个领域做出了诸多尝试，并展示了一个美好的远景：人们会像购买传统的纸质书一样，购买电子版的书籍；也会像阅读纸质书一样阅读电子书。像传统书店和传统的出版方式一样，数字出版物也可以通过直接出售来盈利。电子阅读器和内容传播平台将一起改变整个出版业，新型的商业模式可能为出版业态的扩展带来福音。种种迹象都表明，移动出版、离线阅读或许就是出版商的未来。

从亚马逊平台的运作方式来看，数字出版内容传播平台主要依托先进的互联网技术与网络平台，进而实现营销平台的建构、深度的内容运营以及技术与产业的结合，同时充分发挥互联网的国际化优势，有效帮助出版内容以数字化方式进入国际市场，在国际市场中提高自己的竞争力。尽管各大传统出版商和各大新型技术商、渠道商都在致力于内容传播平台的缔构和创新，但仍旧不能掩盖亚马逊的光芒。作为数字出版内容传播平台的典型代表，亚马逊以新技术为基础，以网络和电子阅读器为传播载体，在数字出版内容传播领域一路高歌猛进，取得了惊人的成绩。

一、数字技术改变出版方式

有人说人们的阅读方式正在改变，出版方式正在改变，但二者的改变不是自然形成的。事实上，与其说人们改变了阅读方式，不如说数字技术诱惑人们改变了阅读方式，迫使出版商改变了出版方式。早在2007年，亚马逊就推出了自己的首款电子阅读器Kindle，近两年，更连续推出Kindle的更新产品KindleDX、Kindle Touch等，每一次的更新都给读者带来不小的惊喜。这一举动在推动阅读方式改变的同时，也为亚马逊创造了不菲收益。以Kindle为运转核心的亚马逊平台容纳的阅读资源十分丰富，包括报纸、杂志、字典等，同时，借助Kindle和无线网络，亚马逊平台可以为美国用户随时随地提供服务，实现数字内容的无缝传播。即便作为硬件设施，Kindle阅读器也充分尊重读者的阅读习惯，其外形和重量都与平装书相仿，使读者在使用和阅读过程中能够获得与传统阅读一致的乐趣和享受。亚马逊平台和Kindle阅读器的竞争力除了得益于其丰富的电子阅读资源外，还包括它的网络支持功能，Kindle一直致力于为用户提供完善的网络连接功能。Kindle只是一个辅助销售并实现阅读的媒介，亚马逊的最终目的是向读者销售电子书。可以说，亚马逊平台的终极目的是让读者转变阅读方式，从阅读纸质书籍转向阅读电子书。

二、“联姻”云技术和人工智能

独特的云技术和发达的云计算网络是亚马逊平台称霸数字出版业，敢于和苹果、谷歌抗衡的筹码。亚马逊的云计算系统被称为“弹性计算云”，其云技术平台令同行无法望其项背，如 Amazon Web Services 是亚马逊面向企业推出的网络云服务计划。这个部门维护着存储和提供亚马逊电子书、歌曲及电影的电脑网络。亚马逊平台从云计算中获益，可以提供“现购现付”的服务，包括计算能力和数据存储。云技术极大地提高了亚马逊数字出版产品的传输速度，同时也保证了数字出版产品存储的便捷性。借助云技术，用户可以随时随地阅读到自己喜欢的电子书刊，还可以把阅读资料存储在云端，方便快捷。不遗余力地开发“云”技术为亚马逊平台在数字出版行业长期的优势地位提供了保障。

人工智能，这一被誉为“计算机发展史上的下一座里程碑”的理念，也对内容的生产形式产生影响，使得个性化内容成为可能。亚马逊平台会记录读者购买过的图书，并通过人工智能向读者推荐他可能喜欢的图书，亚马逊还会为某位读者提供可能与他兴趣相仿的人购买的图书（alsobuy 功能）。随着人工智能技术的进一步发展，基于读者需求的个性化内容的数字化传播将成为可能。

三、大力发展独立出版

由于传统出版业的种种弊端，如今在线电子书平台已经成为很多作家发表作品的好去处。亚马逊的内容传播平台为一些想要发表作品却找不到平台的作家提供了机会，如 Tim Ferriss、Amanda Hocking 和 Laurel Saville 都是亚马逊平台的“独立”作家。所谓独立是指他们并没有和传统出版社签约，而是在亚马逊平台发表电子作品。他们可以从每本书的销售额中分成 70%。另外，作者们还可以使用 KDP（Kindle Direct Publishing）在亚马逊平台直接出版自己的作品，这些作品可以以多种语言发布，如英语、德语、法语、西班牙语、葡萄牙语和意大利语等。通过 KDP 出版作品既简便又快捷，大大节省了图书出版的时间，提高了出版效率。在传统的出版机制中，一般的草根作者要想出版自己的作品是极其困难的，对于初出茅庐的草根作家，出版商是不愿意为他们冒险的，因为对他们的投资很可能没有任何回报。相对于草根作者，传统的出版商们更愿意与知名作家合作，因为与他们合作就是获得利润的保障。对于这些草根作者而言，亚马逊无疑是一个极好的出版平台：极具诱惑力的版税机制、推广资源、被缩短的生产周期、一目了然的合作关系——作者在互联网环境和数字内容传播平台中找到了一种新的生存模式。同时，这种崭新的出版模式对读者而言也意味着更多阅读产品的出现。在全世界，这种独立出版都可能会成为数字出版的一个发展趋势，读者会越来越快地读到作者最原汁原味的作品。出版商的核心竞争力就在于对有阅读价值的作品的筛选及营销，而这已经成为亚马逊平台的既有优势和核心价值。

四、积极开发原创内容

原创内容对一家数字出版商至关重要。在如今的国际市场中，由于大量的模仿甚至抄袭行为的存在，原创内容的发展受到了巨大的冲击，而市场上充斥的大量的各种类型的模仿产品和抄袭产品使用户感觉毫无新意，长此以往容易造成审美疲劳，最终影响的是整个出版市场。发展原创内容是公司创新意识和创新能力的体现，“独树一帜”的产品体现了公司创新智慧的同时也能在最大程度上满足用户求新猎奇的需求。同时，大力发展原创内容，能降低数字出版的成本，大大提升数字出版内容的核心竞争力。正是基于这样的认识，亚马逊平台为发展原创内容进行了多方面的努力。亚马逊公司最感兴趣的原创领域之一是喜剧和儿童节目，为了发展原创喜剧和儿童节目，亚马逊平台大力征收原创剧本并让用户给予评估，如果原创内容受到用户积极的反馈，亚马逊平台还会给原创内容作者相当丰厚的报酬。基于上述考量，亚马逊平台全力网罗创意人才，旨在开发出具有独创性的喜剧和儿童节目，并且通过互联网把它们出售给用户。

五、低成本传播数字内容

在传统出版业中，各项环节繁多复杂，因此费用也不可避免地要高出许多。对许多读者来说，高价购买一本纸质书籍是可以接受的，但如果每一本书都那么昂贵，情况就有所不同了。而在与传统出版行业抗衡的过程中，亚马逊平台的数字内容采用的是低成本传播，低价是亚马逊最大的筹码，几乎每一本电子书的价格都低于相应的纸质书籍的价格，且两者的价格差额悬殊，用户可以 9.99 美元甚至更低的价格买到他们想要的数字图书。因此，对于大多数喜欢接受新事物的读者来说，亚马逊平台消费是一种自然选择。所有读者都希望以最少的付出得到最大的收获，而亚马逊恰恰能最好地实现和满足用户的这种需求。

在数字出版蓬勃发展的时代背景下，创新成为产业发展的基本精神。无论是数字技术的改变、阅读方式的改变、出版方式的改变，还是大力发展独立出版和原创内容，建构一个成熟的数字出版内容出版平台最基本的精神是创新。想要在出版市场站稳脚跟，最重要的不是盲目跟随市场的走势，而是要像亚马逊平台一样，在激烈的竞争中找到自己的创新路径，并不断地进行自我调整和自适应，于是，数字出版平台的建构模式将浮出水面。

第三章　美国社交媒体对出版业的影响

1　美国社交媒体对消费类杂志的影响

核心提示：社交媒体环境下，美国的消费类杂志面临发行量下降、广告收入锐减等一系列困境，走上了与社交媒体融合发展的道路。面对人才流失、内容呈现形式单一化等问题，美国消费类杂志利用社交媒体的多渠道、多样化传播优势，在内容生产、营销模式、盈利模式等方面进行了转型，并大力培养复合型人才、提高分析数据的能力。

美国杂志业起源于 18 世纪，并一直保持着快速而有序的发展。几百年的探索与锤炼使美国发展为一个名副其实的消费类杂志大国。所谓消费类杂志，就是办给非专业、非学术人士看的，是适应一般消费者的各种需求的杂志。或者说，消费类杂志是“杂志”，而其余的杂志是“专志”，即专门化的杂志①。其直接瞄准的目标读者是消费者。因此，消费类杂志就是受众为广大的消费者，主要内容是新闻、经济、时尚、娱乐、教育、体育、文化等与大众生活息息相关的杂志。

美国主要有十大消费类杂志，分别是：新闻类杂志，如《时代》《新闻周刊》《美国新闻和世界报导》等；娱乐类杂志，如《娱乐周刊》《肥皂剧文摘》《电视指南》等；体育类杂志，如《体育画报》、*ESPN*、《高尔夫文摘》等；家居生活类杂志，如《美好家园》《南方生活》《日落》等；时尚类杂志，如《时尚》、《时尚先生》、*Esquire*、*Vogue*、*MAXIM* 等；综合类杂志，如《纽约客》《大西洋月刊》《名利场》等；商业与金融类杂志，如《财富》《商业周刊》《福布斯》等；青少年类杂志，如《十七

---

① 秦朔. 2001. 美国杂志出版业考察.出版发行研究，（7）：8-20.

岁》《少男少女》等；休闲旅游类杂志，如《旅游周刊》、*Parade*、《旅游与休闲》等；汽车类杂志，如《汽车与司机》、*Motor Trend* 等。还有一些杂志，如《父母》、《滚石》、《现代新娘》、《花花公子》、《美国周末》、*PC Magzine*、*USA Weekend* 等均是美国知名的消费类杂志。此外，一些关于园艺、烹饪美食、狩猎垂钓、手艺制作、艺术雕塑等特殊兴趣类的杂志也有很多。

美国的消费类杂志不仅数量大、种类多，而且品牌完善、历史悠久，拥有稳定、庞大的读者群，并大都形成了完备的经营理念与成熟的运营系统。在美国，人们已经习惯于利用闲暇时间阅读杂志，以期达到放松身心、得到有价值的信息和资源的目的。国民对杂志的阅读热情推动了整个杂志业的繁荣。美国杂志业每年都会创造巨额财富，并不断扩大在社会上的影响力。在经历了大发展时期和繁荣时期之后，历史的车轮推动美国的杂志业进入了 21 世纪。

21 世纪初，互联网技术得到了迅速发展，催生了一大批社交媒体的出现。美国最具代表性的社交媒体有脸书、推特、领英（Linkedin）、Pinterest、Youtube 等。各类社交媒体的发展，改变了整个传统媒体的生存环境，给传统媒体带来了巨大的冲击。美国的杂志业身处其中，也无法摆脱这一现状。在此种环境下，美国的杂志业遇到了空前的挑战。越来越多的年轻人开始使用社交媒体获取信息，逐渐摆脱了对杂志印刷版的依赖。社交媒体分流了一大部分杂志的读者，随之产生的杂志的发行量急剧下降、广告收入锐减、大批杂志停刊等一系列问题，使消费类杂志的发展危机四伏。在这一背景下，美国的消费类杂志走上了与社交媒体融合转型的道路。

一、美国社交媒体与消费类杂志的冲突

美国的杂志业在一个极具竞争力的环境中生存与发展。在美国，每年都会有数百种新杂志诞生，也会有数百种杂志消失，可谓你方唱罢我

登场。随着移动互联网技术的推广，社交媒体的发展一路风生水起，有声有色。社交媒体的迅速发展给消费类杂志带来了很大的冲击，在此冲击下，消费类杂志面临的危机已经在发行量、广告收入等各方面显现。

（一）杂志发行量下降

从美国期刊发行审计机构 ABC（Audit Bureau Circulation）发布的2007—2010 年的资料来看，美国消费类期刊的发行量呈逐年下降趋势，零售发行量的下降幅度远大于订阅发行[①]。另外，根据美国媒体审计联盟（Alliance Audited Media，简称 AAM）最新公布的数据显示，截至 2014 年 6 月 30 日，2014 年前 6 个月，美国杂志零售下滑 11.9%，仅次于 2009 年上半年金融危机背景下 12.36%的下滑幅度。实际上，美国杂志零售业的这种下滑从 2013 年就已开始，2013 年下半年杂志零售下滑 11.1%。尽管在美国杂志的发行量中订阅占主要比重，但零售业一直被当作行业的景气指数[②]。美国杂志行业视《时代》周刊为其“风向标”，《时代》周刊的任何举动都备受杂志行业的关注。2012 年，《时代》周刊不仅广告页码大量减少，而且销售册数也大量减少，与 2011 年相比，其销售册数大减 27%[③]。虽然在 2012 年，有美国大选这样的重磅新闻，但《时代》周刊依然难掩颓势，销售量和广告册数都没有上升。一叶落而知秋，《时代》周刊只是美国消费类杂志下滑的缩影。

（二）广告收入锐减

根据美国出版信息局 2013 年提供的最新资料，美国杂志行业的广告页数量已经连续 7 年下滑，2012 年的下滑幅度高达 8.2%，如果从 2006 年开始算起，这一下降幅度更是高达惊人的 39%[④]。新闻类杂志是广告

---

① 李青. 2012. 美国消费类期刊发展趋势. 出版参考，（1）：53-54.

② 商报. 2014. 美国上半年杂志零售深跌，出路何在？.http：//www.paper.com.cn/news/daynews/2014/140815081125111728.htm[2015-05-16].

③ 甄西. 2014. 美国杂志行业危机四伏. 出版参考，（2）：19-20.

④ 陈怡. 2013. 传统杂志积重难返？. 中国报业，（7）：78.

收入下滑最严重的代表。

2014年皮尤调查的结果显示，新闻类杂志面临的是艰难的印刷广告环境。该份调查分别以《新闻周刊》《时代》《经济学人》《大西洋月刊》《纽约客》（*The New Yorker*）为调查对象，结果显示，5家杂志的广告页共减少13%，受打击最严重的是《新闻周刊》，它的广告页减少了20%；《大西洋月刊》减少了17%，《经济学人》减少了16%，《纽约客》减少了7%。总体而言，2013年印刷版杂志广告页销售数量共减少4.1%。①不仅新闻类杂志的广告收入下降，2010年美国时尚类杂志的服饰广告收入减少至15.7亿美元，而2008年这一数字超过20亿美元。

总之，以新闻类杂志为突出代表，消费类杂志的广告收入很不理想，其前景不容乐观。

二、美国消费类杂志的转型

美国的消费类杂志面临积重难返的颓势，唯有利用社交媒体，对整个产业进行全面转型，才能够挽狂澜于既倒。之所以这样说，是因为其转型的条件日趋成熟。互联网时代的到来、移动互联网技术的广泛应用、社交媒体的蓬勃发展是其转型的外部条件。不仅如此，消费类杂志巨大的社会影响力、对数字化道路的探索等都是其转型的内部条件。在这样的背景条件下，消费类杂志的转型是顺势而为。

全面的转型，就是要和社交媒体进行融合，使两者的边界逐渐模糊、交叉，并且彼此有所突破，能够相得益彰。这不仅要从战略高度重视社交媒体的使用，还要充分利用消费类杂志自身的优势，在转型融合的道路上快马加鞭、一路疾行，对杂志的内容生产模式、营销模式、盈利模式进行转型融合。

---

① 张宸. 2014. 美国新闻界最新趋势与状况——皮尤年度报告《新闻媒体状况2014版》摘要. 新闻与写作，(5)：31-34.

（一）内容生产的转型

内容是杂志的一个重要组成部分，不论发送渠道、盈利模式如何变化，内容都起着举足轻重的作用，内容永远比传送方式重要，掌握了内容就是掌握了读者，掌握了受众。杂志的内容决定着其受众结构、风格定位、杂志品位等相关方面的水平，因此，在转型的过程中，一定重视内容生产的转型，通过观点新颖、简洁又不失深度的内容来吸引用户。

1. 基于用户需求进行内容生产

一直以来，杂志出版商拥有着对内容的控制权，虽然杂志出版商不断努力了解自己读者的兴趣，并不断迎合其品位，但对内容的控制权并没有改变。传统杂志出版商对社交媒体最初的使用仅仅是通过社交媒体传播其原创内容，这样就无形中传递给读者一个错觉——杂志是读者信息的来源，读者只能从这里得到这些信息。不仅如此，杂志出版商更不断夸大杂志作为文化的晴雨表或权威声音的作用①。这种做法与意识是有局限性的。传统杂志要利用社交媒体进行传播就要丧失一部分对内容的控制权，甚至要丧失大部分的控制权。社交媒体带给我们的是最直接的用户联系，就是要基于用户的需求进行内容生产。

按照用户的需求进行内容生产，首先要明确杂志的目标受众，这是非常关键的一步。试问，如果杂志内容的生产者不明确要阅读自己杂志内容的受众的基本状况，要依据什么进行内容生产呢？在确定目标受众的过程中，先要明确几个最基本的问题：哪类读者将会是杂志理想的读者？鉴于内容营销策略，哪些读者能够比较好地接受该杂志生产的内容？哪些读者会分享并推广自己的杂志？基于这些问题，在定位目标读者时应该从两方面进行分析：在统计人口学意义上，应该从性别、年龄、种族、收入等方面进行分析；从心理统计学方面，应从信念、价值观、

---

① Britten，B. 2013. Losing control：Using social media to engage and connect. *Journal of Magazine & New Media Research*，（57）：1.

行为模式等方面进行分析。

在精准地定位自己的目标读者方面，《时尚》杂志是比较典型的代表。《时尚》将自己的读者精准地定位于年龄在18—49岁的年轻女性，学生或职场女性，已婚或未婚皆可，对时尚、美丽、健康、美食、鸡尾酒、流行文化等有独特的品位，并且在工作中勇于冒险，经济独立，精神自由，乐于接受新鲜事物。

在确定了目标读者之后，杂志社可以通过调查与实验的方式获知目标读者感兴趣的内容。根据一项调查，以用户对10本杂志一周内推送到推特上的内容的评论为依据，分析得出，最受欢迎的内容为娱乐，紧随其后的为专题栏目和特写，其次为关于多媒体、社交、推销、家庭、时尚、健康、新闻、旅行、运动等内容，最不受欢迎的内容主题为商业和科技，推送这些内容的杂志一周内未收到任何评论[①]。由此可知，用户对于消费类杂志的内容一般满足于和生活相关、比较轻松随意的内容，而非晦涩枯燥、抽象难懂的内容。因此，在碎片化阅读的今天，消费类杂志生产的内容及在社交媒体推送的内容都应易懂而有价值。

为了明确自己读者的真正想法与需求，《时尚》杂志社做了很多努力，杂志的内容涉及最火的话题，包括美国著名歌手麦莉·赛勒斯的电臀舞以及她“破坏球”的绰号。通过社交媒体，《时尚》杂志推送给用户的都是关于健康或美丽的新闻及小贴士。无论是使用幽默的方式还是诚恳的态度，它始终都在推送用户渴望的内容。

明确了用户的需求之后，确定用户喜欢浏览哪个社交平台也是很有必要的。通过对信息的大量分析及反复的试验后，这些情况就基本可以了解了。《时尚》杂志一直在持续着这些做法，《时尚》杂志社不仅在杂志的印刷版和网站公布选出来的内容，而且也会很巧妙地利用推特、脸

① Boyle，K. & Zuegner，C. 2013. Magatweets：a content analysis of magazines' use of Twitter. *Journal of Magazine & New Media Research*，(14)：7.

书、Instagram、Pinterest、Google+ 以及 YouTube 等社交平台与自己的用户互动。

不仅如此，杂志的编辑在社交媒体发布的内容一般会经过策划。随着在线信息的不断增殖，一些出版社开始进行合作并对内容进行策划。杂志的编辑都在尽力为他们的读者提供最有价值的内容。杂志的编辑已经意识到了，杂志在推特上推送权威的内容比仅仅推送杂志原创的内容更重要。杂志的编辑也会将自己在其他网站看到的权威内容进行推送。比较有远见、有觉悟的杂志社编辑不仅对内容进行策划，还试图去全方位了解读者并不断迎合自己读者的兴趣。他们通过社交媒体上读者网络社区的反馈来了解读者对于内容的要求，并快速地对读者的意见进行整合。通过监测读者的评论、统计读者对内容的反馈率，杂志的编辑能够比以前更加准确地明白读者对内容的需求。一些编辑甚至把社交媒体视为内容的直接来源。例如，《旅游和休闲》杂志非常明智地在脸书的界面为粉丝们提供展示他们最喜欢的印刷刊物的机会，通过此种方式就可以搜集到一些精彩的内容，并对这些内容进行推送。此外，这种互动方式能够吸引用户，以增加一定的浏览量。《花花公子》杂志在脸书上的 #FriskyFriday 版块，允许女性用户上传自己的裸照或者带有挑逗意味的照片。很多杂志鼓励用户对上传的照片进行投票，并鼓励用户关注脸书上的投票结果①。《时尚》杂志在社交媒体上发布的内容，一般不会被类似于奥斯卡颁奖盛典这样的娱乐活动所束缚，而是发布用户真正关心的内容。譬如，为了纪念 *The Notebook* 电影上映十周年，读者网络社区的管理者举行了一个聚会，邀请该杂志在推特上的用户，使他们在家就能观看并评论此电影。《日落》杂志也是与用户成功互动的典范。《日落》杂志经常在社交媒体上张贴与即将出版内容的相关话题，如读者如何做菠菜、在西部旅行时偏好的路线、日常烹饪时使用鸡肉的频率等。杂志

① Dvorkin hilf，G. 2012. *7 Ways print magazine are using social media to engage readers*. http：//mashable.com/2011/02/09/social-media-magazines/#YwTuUvjakkq8[2015-10-12].

的工作人员根据这些回馈为未来的选题做好策划[①]。除了增加有深度的内容，这些杂志出版商已经通过社交平台与用户进行定期的对话并且已经与之建立了持久的关系。

MAXIM 杂志对社交媒体的使用也很有特色。该杂志将 25—34 岁的男人作为目标受众，尽管 *MAXIM* 在脸书和推特上拥有较多的用户，但该杂志既不是与用户互动最多的也不是最低的，而是处于一个居中的位置。在 *MAXIM* 的网站上有这样的宣传语：从根本上接近男人的风格，覆盖了男人目光所及寻找的一切[②]。该网站允许用户通过脸书和推特对网站的内容进行评论与分享。此外，网站的用户还可上传女性的图片供其他用户讨论。总之，*MAXIM* 通过社交网站尽最大能力与用户沟通互动，该杂志最大的吸引力莫过于与用户培养的良好的沟通互动机制。

除此之外，一些杂志还通过运用新的技术，来迎合用户对于内容的需求，生产出用户真正需要的内容。通过与 MAZ（手机出版平台）合作，《福布斯》杂志为自己 iOS 系统客户端的用户带来了流媒体技术，这是一项具有创造性的新技术。该技术能满足用户对来自《福布斯》杂志及网站的视觉内容进行保存并分享给其他用户的需求，此外，该技术还允许用户参与由《福布斯》读者组成的小型社交网络社区，在这个社区中，只会上传关于《福布斯》的内容。《福布斯》的读者们可以随心所欲地剪切他们在屏幕上看到的任何内容，对其保存或分享。流媒体技术支持用户将这些内容分享到其他社交平台，如 Facebook、Twitter、LinkedIn、Pinterest、Tumblr、Evernote 等。用户也可以通过 iMessage 和电子邮件对这些内容进行传送。收件人可以通过链接内容的原网站看到这些从《福布斯》上剪贴下来的新闻或图片。

---

① 杨银娟. 2014. 美国期刊营销策略中的社会化媒体应用.出版发行研究，(1)：92-95.

② Hendrickson，E. 2013. Learning to share: Magazines，millennials and mobile. *Journal of Magazine & New Media Research*，(14)：4.

流媒体技术不仅仅用于分享内容，也用于发现内容。当有用户在App上运用流媒体技术分享了内容，其他用户在浏览时就能看到这些内容，并能够对此进行分享及浏览其原内容。要阅读这些剪贴下来的新闻或图片都要链接到它们的原网站。通过使用流媒体技术，《福布斯》的用户们可以和志趣相投的读者们建立一个网络社区，彼此可以提供源源不断的新内容①。

美国消费类杂志对社交媒体的使用，已经不再是机械地将杂志的内容复制到社交媒体上，而是在不断地提供适合市场的内容，以满足用户的需求。这些努力既丰富了杂志的内容，又使杂志的内容对用户具有很强的吸引力，两者之间形成一定的黏度，有利于提高用户对杂志的忠诚度。

2. 内容生产多渠道化

社交媒体时代也是UGC（User Generated Contents）时代。UGC即用户生产内容，让用户拥有话语权。这是用户使用互联网的一种新形式，用户可以通过网络将自己生产的内容展示并分享给其他用户。在这个时代，越来越多的内容不再来源于传统媒体，而是微博、论坛、网络社区等社交网站。这就打破了以前以下载为主的使用模式，而是上传和下载并重。社交媒体对用户最大的吸引力在于用户能够自己生产内容，并且得到传播。

Facebook、Pinterest、Twitter等都是UGC的成功案例。以推特为例，最初推特被视为用户提供个人身份数据的工具，随着它的发展日臻完善，其价值逐渐显现，它日渐被视为收集和分享观点、授课、发布消息的工具。推特描述自己为“通过您可能感兴趣的最新的故事、观点和消

---

① Carbonel，M. 2014. *Forbes is the first magazine to launch its own social network with “stream”*. http://www.forbes.com/sites/forbespr/2014/01/06/forbes-is-the-first-magazine-to-launch-its-own-social-network-with-stream/，2014-01-06[2015-10-11].

息和您沟通的实时信息网站”。推特把自己描述为提供实时信息的网站，它为用户提供一系列的热门话题、经典视频，并建议用户一直跟踪，因为这些东西会时时更新。因此，推特不仅是一个社交网站，更是各类新闻与消息的来源。尽管推特存在报道突发性新闻的时候会出现错误或不正确报道的风险，但整个媒体界，包括消费类杂志，都不应该忽视与推特合作后在信息的收集与发布方面所获得的好处。据一个新媒体的专家介绍，记者们认为，如果他们想要继续保持竞争力，应该“退至幕后”①。这就意味着记者使用推特已经非常普遍了。

消费类杂志在转型的过程中也在向这一模式靠拢，主要的举措有：加大杂志在社交媒体页面上用户生产内容所占的比例，不断鼓励其社交网站的用户上传图片、音频、视频等，并与其他用户分享；将用户上传的有意思、有价值的图片、菜谱、小贴士、文章等进行出版；遇到突发重要事件开辟专栏供用户交流讨论等。这些举措不仅提高了用户使用社交媒体的积极性，也丰富了杂志的内容，使内容的来源更加多样化。

2012 年 3 月，《妇女家庭杂志》的高层宣布杂志要利用社交媒体进行一次大的转变。其中一个重要的转变就是把用户生产的内容作为杂志的主打文章或专栏，把杂志的内容变为更加社会化的内容。杂志的编辑依然挑选有价值的文章，资深的专家也会继续提出中肯的建议。这一举措在读者中引起了巨大反响，正如出版商 Diane Malloy 所言：“我们知道读者对此举很感兴趣。”首席编辑 Sally Lee 解释说：“读者非常珍惜这种自我表达并且渴望被倾听。”②

通过这些措施，不仅杂志的编辑能够生产内容，用户也能够为杂志社提供一部分内容。这样既丰富了杂志的内容，使其来源多渠道化，也

---

① Boyle，K. & Zuegner，C. 2013. Magatweets：A content analysis of magazines' use of Twitter. *Journal of Magazine & New Media Research*，（14）：3.

② Aronson，A. 2014. Everything old is new again：How the " new" user generated women's magazine takes us back to the future. *American Journalism*，（31）：312.

充分调动了用户的积极性，使杂志社与用户形成良好的互动。

3. 生产精品化内容

消费类杂志与社交媒体的融合最核心的价值依然是内容，并且是精品化的内容。并非所有的消费类杂志在社交媒体的环境下都能保持内容上的优势。在新媒体时代，各种海量信息扑面而来，通常用户都希望在最短的时间里阅读到最有价值的内容。虽然各种社交推荐、算法推荐大行其道，但“把关人”的理论依然成立。在使用社交媒体的过程中，杂志的编辑作为“把关人”，会以专业的眼光，将杂志的内容进行筛选，替用户过滤内容，并且根据不同社交媒体的风格与定位，将杂志凝练的内容推送到杂志的社交媒体上，使不同的用户得到不同的体验。如 2014 年年底，《经济学人》推出“浓缩版经济学人”（*The Economist Expresso*）APP[①]。这款应用，在每个工作日只推送 5 条，内容相当简练，一般不会超过 140 个单词，基本早上喝一杯咖啡的时间其最精华、最重要的内容就能浏览完毕。此外，有必要指出的是，杂志的高度专业化内容有着重要的作用，根据调查分析，《电视指南》每次推送到社交媒体的内容都会有大量评论，占到了对所有娱乐内容评论的 92%[②]。此外还有，*Real Simple* 作为一个专注于提供居家、烹饪、儿童护理、健康等方面的杂志，它推送的内容每一篇也都有评论。由此可知，消费类杂志的内容应该专注于一个方面，并把内容打造为精品。

生产精品化内容坚持的另一个原则就是少即是多。在社交媒体上，尤其是脸书上推送太多内容会使用户感到厌烦。以 *Vogue* 杂志为例，该杂志每天在社交媒体推送的内容次数一般为一至三次，如此频率既能保证账户内容每天的更新，也不至于使用户觉得内容多而烦。

---

① 王鑫. 2014. 经济学人也推出了一款每日新闻推送应用. http：//tech.qq.com/a/20141128/048700.htm[2015-08-26].

② Boyle，K. & Zuegner，C. 2013. Magatweets：A content analysis of magazines' use of Twitter. *Journal of Magazine & New Media Research*，（14）：7.

总之，遵循社交媒体的传播特征，通过社交媒体将杂志的内容全方位地推送到用户面前，既能够不断培养新的用户又能够保持老用户对杂志的忠诚度。长此以往，消费类杂志定会拥有庞大而稳定的用户群。

（二）营销模式的转型

杂志的营销模式是整个杂志销售活动中的重要一环，它影响着杂志的销量、杂志的社会影响力、杂志出版商的盈利等，因此，消费类杂志在转型的过程中应积极利用社交媒体，找到适合自己的、健康的营销模式。

1. 社交化口碑营销分析

口碑营销，又称病毒式营销，是指通过用户间的相互交流将新产品的信息或者品牌传播开来，这是一种非正式传播。以往的口碑营销是指通过亲戚、朋友、同学、同事间的相互推荐与介绍，使用户对产品建立一种信任关系。口碑营销的优势在于宣传费用低、可信度高、针对性强、挖掘潜在用户成功率高等。随着互动性社交媒体的普及，口碑营销的形式也发生了变化。通过社交媒体进行口碑传播是口碑营销的一种新形式，即利用社交媒体传播迅速、覆盖范围广等特点，通过社交媒体用户间的扩散进行口碑传播。社交媒体的用户本身早已形成了庞大的、错综复杂的关系网，并且彼此之前认识或者熟悉，有一定的信任度。而且，这种传播是用户主动进行的，不需要任何费用。

在信息传播的过程中总有一个或一批“活跃分子”，他们为别人推荐信息，并在无形中影响其他人的判断，因此他们被称为“意见领袖”。在社交网站传播的过程中，那些积极地在虚拟空间进行传播推荐的人也是“意见领袖”。“意见领袖”的传播效果是超乎想象的。

如某位“意见领袖”在脸书上发布了喜欢的一家餐馆的照片，并把各式菜品及餐厅的具体位置公布出来。虽没有任何宣传性的语言，但如此做法，起到的宣传效果可能比餐厅自己宣传的效果都要理想，这就是社交化口碑营销的最好例子。因为用户在虚拟的社交空间同样会对“意见领袖”无条件信任。相反，如果是陌生人发布的，则可能起不到如此效果。

根据调查分析，有三个因素影响着口碑营销模式在社交媒体上的传播效率，这三个因素分别为：读者对杂志的了解程度、“意见领袖”的推荐频率及读者对社交网站的参与程度。

首先，如果一些读者对杂志的内容、风格、定位不熟悉时，那他们对杂志就会存在不确定性，对是否阅读杂志怀犹疑态度。当潜在的读者对杂志的态度不坚定时，他们会很容易受到“意见领袖”的影响。然而，当“意见领袖”的态度变得游移不定时，他们起到的推荐作用就很小了。因此，这就说明，社交媒体上的口碑传播最容易打动那些对杂志感兴趣但是并没有阅读过几次的网络用户。同龄人之间的推荐对于新上市的杂志也是有用的。需要注意的是，杂志的推荐者必须是对杂志非常熟悉的人，如频繁地浏览杂志社交媒体的页面和杂志网站的用户。对于新推出的杂志而言，来自同事或是早期的阅读者的推荐是非常有影响力的。

其次，当潜在读者的周围有多个“意见领袖”进行推荐时，口碑传播的效果就会下降。因此杂志应鼓励那些有大型社交网站的读者进行口碑传播。如杂志社可以在脸书或其他社交网站上设置一些如“喜欢”之类的推荐按钮，或其他更简单的方式，以便读者对喜欢的内容进行分享。杂志社还应提供统一资源定位符，使杂志的内容链接可以很简单地嵌入读者自己的社交媒体网页。此外，允许读者在杂志的网站和社交媒体的页面发表评论，并且鼓励其他读者对一些特殊的评论进行推荐或再评论，这些方法都可以鼓励读者进行不自觉的口碑传播①。

---

① Martin，H，J. 2013. The economics of word of mouth：Designing effective social media marketing for magazines. *Journal of Magazine & New Media Research*，（14）：4.

最后，读者在社交网站上的影响力和两方面因素有关。一方面，是读者注册的社交网站的数量；另一方面，是读者和社交网站其他成员沟通交流的频率。因此，杂志社需要找出在社交网站上有影响力的读者并鼓励他们进行口碑传播。杂志的编辑们应该很快地识别出积极的读者，并视他们为“意见领袖”，同时进入他们在社交网站上的公共浏览页面去感受他们的积极程度。编辑可以和“意见领袖”进行在线对话，并询问他们对于杂志刊登的文章以及杂志特点的看法。作为鼓励，杂志的“意见领袖”订阅杂志时可以打折，或者免费在网站上浏览只有印刷版才有的内容。

在实际生活中，周围的人对社交网络的使用与选择会影响个人对于社交网站的选择。如果社交网站的成员在实际生活中也居住得非常接近，口碑传播的影响力会非常大。因此，杂志社也可以以读者的居所为线索在社交媒体进行口碑传播。总之，利用社交媒体进行口碑营销，一定会有更多的订阅量，取得不错的营销效果。

2. 建立读者网络社区

如果说“Facebook me”是21世纪第一个十年的流行语，那么“I will tweet at you”则是第二个十年的流行语[①]。当脸书的用户可以关注杂志的官方网站、可以直接进入网络社区，并能和内容的生产者交流的时候，推特推出了一个非线性网络链接，没有在推特上注册的用户也能看到此网络链接上的内容。事实上，社交媒体的快速传播力已经改变了杂志原有的内容消费模式。

根据杂志出版协会（MPA）2012年的调查结果，千禧年一代中，83%的智能手机青少年用户会通过数字杂志网站来使用某个杂志的移动应用程序。76%的受访者表示，他们非常希望能把从美食、新闻、体育杂

① Hendrickson，E. 2013. Learning to share: Magazines，millennials and mobile. *Journal of Magazine & New Media Research*，（14）：1.

志网站上看到的好的内容和朋友分享。此外，杂志出版协会（MPA）2013年的调查结果显示，在既使用社交媒体又阅读杂志的读者中，有47%的人会把杂志的内容分享到脸书上，这些读者中，有56%的人通过推特关注一个杂志的更新，在这一组人中，超过一半的人会对杂志通过推特得到的评论进行再评论[①]。由此可知，读者网络社区可以为社区成员提供一个交流分享的平台，加深彼此之间的联系。

建立读者网络社区的主要目的是促进社区成员间的互动。在杂志对社交媒体的使用中，互动是非常重要的一环。互动不应仅仅是用户对杂志的回馈，广义上的互动应是双向的沟通交流，或者是全方位的互动。

Game Informer 的网站为读者提供了许多互动的机会。杂志社主要通过投票或微博互粉的方式与读者进行互动。不仅读者之间可以互动沟通，而且读者和编辑也可以互动。在 Game Informer 的门户网站上，编辑有加入网站读者社区的特权，同时也可以看到读者对他们的评论。不仅如此，在门户网站上还有编辑的邮箱地址和所有员工的推特账号，这样可以保证读者和杂志编辑畅通无阻的沟通。[②]

《时尚》在 Pintertest 上也是比较活跃的，Pinterest 是一个虚拟的公告板，允许用户将从网站上看到的图片“钉”到自己在 Pinterest 上的公告板上，并且用户还可以通过 Pinterest 跟踪杂志的公告板。《时尚》的网站供用户互动的机会较少，但“Cosmo-Confidential”Q-n-A 论坛却是一个很好的平台。杂志会通过脸书和推特进行关于时尚、美丽、性的小讨论，为读者提供了交流互动和加深了解的机会[③]。

---

① Hendrickson, E. 2013. Learning to share: Magazines, millennials and mobile. *Journal of Magazine & New Media Research*,（14）: 2.

② 同①。

③ Hendrickson, E. 2013. Learning to share: Magazines, millennials and mobile. *Journal of Magazine & New Media Research*,（14）: 4.

《时尚》在脸书上拥有超过 500 万的粉丝，在推特也拥有超过 100 万的粉丝。Elisa Benson 是《时尚》杂志读者网络社区的管理者，Elisa Benson 认为，他的工作中最有趣的事就是随时都会有读者和他讨论一些问题，并一直有读者在等待着倾听、等待着回复及参与。Elisa Benson 及他的团队还经常采取措施帮助社交网络的社区成员互动。如他们通过开辟#throwbackThursday 版块，邀请社区成员上传他们的高中毕业照，各成员反应很热烈。通过这些活动，《时尚》杂志的社交媒体用户之间很容易发展出个人化的互动模式。

众所周知，有共同的兴趣爱好才会逐渐产生友谊，一些杂志会采取措施来帮助它们的网络社区成员见面。这样各成员间不仅有线上的互动还有线下的交流。脸书上各社区成员的线上和线下的对话互动正在日趋完善。《时尚》杂志读者网络社区的管理者不断鼓励自己的网络社区成员在脸书上提问，这样网络社区成员间就会产生非常私人化的沟通与互动。Meetup 网站在线上会为有相同兴趣的用户提供最简单的、最实用的平台。《Philosophy Now》已经建立了自己的 Meetup Everywhere page，鼓励来自美国和英国的读者聚集在一起，讨论他们喜欢的和杂志相关的话题。一些有远见的杂志出版商纷纷采取该策略，使杂志和读者在线上和线下都能保持联系①。

通过上述方式建立读者网络社区，杂志的社区管理者能很好地与用户互动，并能通过社交网站不断推销自己的印刷版内容以及在线网站的内容。

3. 利用社交媒体，多渠道发行

目前，美国消费类杂志的零售管道主要有超市、大型卖场/折扣店、药店、书店、车站、机场、报亭、便利店等十几种。其中超市的销量最

① Gotthilf，G. 2012. *7 Ways print magazine are using social media to engage readers*. http://mashable.com/ 2011/02/09/social-media-magazines/#YwTuUvjakkq8[2015-10-12].

大，达 33%；在报亭的销量却很小，仅占 2%。杂志的订阅方式基本上有两种：一是去杂志网站直接订阅；二是到第三方网店订阅①。如此订阅方式，发行时间、发行频率都是由出版商决定的，读者处于一个相对被动的位置。杂志利用社交媒体传播信息，不应仅是简单的关于技术、平台的提升，而应为读者带来更加便利、更具个性化的服务。周刊、旬刊、半月刊、月刊、双月刊等可以以此为契机，缩短其发行周期，灵活处理其对内容的推送时间，改变以往固定的发行模式。

以城市杂志为例，社交媒体已经扩展了其与读者沟通的方式。城市杂志可以在推特上通过对当地公共事件的简单回复培养自己的潜在用户。尽管推特是一个涉及全球范围的网站，但在现实生活中，推特上用户之间的联系也存在一定的地域性。实际上，一项最新对推特用户的分析显示，推特用户间的联系有 39%存在于大城市②，这一结果引人深思。城市杂志的评论在具有地域性关系的用户间扩散，对城市杂志而言，这是其挖掘潜在读者、网站运营等的特殊工具。不仅如此，城市杂志对社交媒体的使用正在悄然改变着它的发行模式。根据对用户在推特上对城市杂志推送内容的评论的分析可以发现大量的评论中使用到了“今天”“今晚”“马上”等这样表示时间性的词语③。一般城市杂志为月刊或双月刊，推送的内容更新速度慢，对读者的评论回复不及时，城市杂志的社交网站正努力还原其本色，每天积极和读者及时沟通过，引导读者的日常生活行为。

不仅城市杂志在改变自己的发行模式，《时尚》杂志也在此方面进行了相关的探索。2015 年 3 月，《时尚》第一次跻身美国社交媒体出版商前 10 名。从 2015 年 2 月起，《时尚》在社交媒体的互动中达到了 76%

① 李青.2012.美国消费类期刊发展趋势.出版参考（1）：53-54.

② Sivek，S，C. 2013. City magazines and social media：Moving beyond the monthly. *Journal of Magazine & New Media Research*，（14）：5.

③ Sivek，S，C. 2013. City magazines and social media：Moving beyond the monthly. *Journal of Magazine & New Media Research*，（14）：10.

的增长速度。如此增长速度的主要原因就是，充分利用社交媒体，进行多渠道的发行传播。《时尚》杂志的社交媒体策略就是，只要有读者的地方，不论什么主题的对话正在持续，都要有年轻女性的声音。根据社交媒体研究机构 Shareablee 提供的数据，在 2015 年年初，《时尚》杂志就开始较早地着手于对 Snapchat 的探索与使用。《时尚》杂志在 Snapchat 平台上尝试了对不同长度消息的发布，包括对脸书的首席运营官雪莉·桑德伯在 24 岁结婚却在 25 岁离婚消息的发布，还上传了巴黎时装展的图片及制作应用程序的小技巧。Joanna Coles 是《时尚》杂志的总编辑，在 Snapchat 这一社交平台推送了几次内容之后，他满怀信心地认为 Snapchat 是一款很有使用价值的社交平台，《时尚》杂志的读者可以在 Snapchat 上有充足的时间来阅读那些或长或短的信息①。正是因为对社交媒体全方位的利用，才使《时尚》杂志取得了如此丰硕的成果。

杂志还利用社交网站获得更多用户的关注，增加杂志的订阅量，提高其影响力和知名度。首先，在杂志的网站上提示读者可以链接到该杂志的社交媒体，使网站的读者可以使用自己某个社交媒体的账号登陆页面并进行评论。因为许多杂志的读者同时也是社交媒体的用户，此举不仅能够提高现有读者的忠诚度，促进与其更深层次的互动，还能增加新的读者。其次，在杂志的社交媒体版上设置通往杂志网站的链接，借助社交媒体增加网站的访问量，不断培养潜在的读者，获得更多关注。本·爱德华兹是 Economist.com 的出版人，在脸书上公布了 Economist.com 的链接后，每个月至少有 400 万独立访问者光顾，其中有 300 万人已在网站注册了详细数据，付费用户数量“相当少，但在健康地增长”②。

---

① World，M. 2015. *How Cosmopolitan（and others）ride the social media wave*. http：//www.fipp.com/news/ features/how-cosmopolitan-rides-the-social-media-wave[2015-10-20].

② 杨银娟.2014.美国期刊营销策略中的社会化媒体应用.出版发行研究，（1）：92-95.

对社交媒体进行多渠道传播，也要对社交媒体有所选择。美国的社交媒体有很多种，不同年龄、不同职业的人群，使用的社交媒体也是不同的。杂志社的编辑对社交媒体的使用也很灵活。在选择运用社交媒体时，杂志社会考虑杂志的读者和潜在读者一般会使用哪种社交媒体，也非常注意选择与自己杂志的传播内容风格接近的社交媒体。一般情况下，一本关于专业商业问题的杂志，通常会选择利用领英进行传播；一本以园艺为主题的杂志，其主要的读者基本为妇女，利用 Pinterest 进行传播是非常明智的选择。杂志社的编辑也不会追求在每个社交平台上都拥有较高的关注度。多数消费类杂志的出版商会选择利用脸书、推特、Pinterest 进行传播，因为这三个社交媒体拥有最多的用户，所以这是达到较高关注度的最佳途径。

此外，根据社交媒体的特点进行不同形式、不同目的的传播，也是杂志社通过社交媒体多渠道发行的表现。以《时尚》为例，虽然脸书和推特是其主要的传播平台，但该杂志在其他社交平台的传播也是非常成功的。并且因为要达到的目的不同，《时尚》在不同的社交平台进行的传播是各有特色的。当然，在脸书和推特上进行传播的主要目的就是为了将浏览这些社交媒体页面的用户吸引至《时尚》的官网，增加网站的浏览量，提高关注度。至于对 Instagram 的利用，则不以提高用户关注度为目的。因为没有浏览量的压力，所以在 Instagram 上呈现的内容可以非常有创造性。设计者可以为了追求栩栩如生的效果，把那些真正漂亮、吸引人的图片发布到 Instagram 上，但并不会因此担心影响网站的浏览量。

此外，《时尚》杂志还经常把一些发生在编辑室中各式各样有意思的图片上传到 Instagram 上，以此传达更多关于《时尚》杂志幕后的信息，满足用户的好奇心，拉近与用户的关系。总之，《时尚》杂志对 Instagram 的使用很成功，达到了利用社交媒体多渠道发行的目的。

4. 采用多种方式与用户互动

利用社交媒体进行杂志的营销，不应把社交媒体视为一种销售途径，而是把它视为一种营销工具，或者是一种与用户沟通交流的方式，杂志的出版商可以在与用户互动的过程中间接地销售自己的杂志和服务。例如，杂志社可以在杂志的脸书页面上附加一份该杂志的订阅单，但是不要对立刻有大量订单涌入抱任何希望，只是，一些老用户可以通过这种途径将本杂志推荐给他们的关系群。此外，还有其他方式通过社交媒体与用户沟通互动，以达到对杂志进行营销的途径。如利用社交媒体为杂志的封面设计进行投票，在杂志未印刷前对投票的结果大肆渲染，并让用户预测哪一种封面设计会在杂志的零售摊位卖得最好；进行民意测验和民意调查；为广告商提供随赠品；杂志社的视频剪辑师在 Youtube 上公布一些视频；在新一期的杂志出版前利用社交媒体制造兴奋点等。杂志出版商一定要及时了解社交媒体上的反馈结果以对以后的活动进行适当调整。

《体育画报》一直在致力于通过多种渠道与用户沟通，以提高社会影响力，获得更高的订阅量。美国大学体育总会（NCAA）一级联赛男篮锦标赛的大部分赛事都在 3 月举行，因此称为“疯狂三月”。《体育画报》以此为契机在推特上与粉丝积极互动。在一期以“疯狂三月”为主题的《体育画报》杂志封面的预览中，都是有关于美国全国大学生体育协会组织的世锦赛的内容。在该封面上，一个体育明星周围有 24 个左右的粉丝，并且《体育画报》要求这些粉丝展示出他们的名字或者是在推特上的用户名。任何在封面的粉丝以 #SICoverStar 为标签在推特上推送内容，他的名字或用户名都会在封面上留下标记。这已经是《体育画报》连续第二次将粉丝在推特上的用户名标记到以“疯狂三月”为主题的杂志预览封面上。通过此种方式与粉丝们互动，能使粉丝们成为“疯狂三月”故事中与运动员平等的一部分。自从发布了封面的内容后，幸运的粉丝们已经迫不及待地在推特上将自己新得到的封面明星的身份推广出去了，并链接了《体育画报》的官方网站以此来分享他们的喜悦。推特已经逐渐成为大学生体育运动的宣传中心。

杂志的出版商为了吸引更多的用户，不仅与用户保持良好的互动，还会通过社交媒体为自己的用户提供一些额外的服务。一些编辑通过自己丰富的人脉关系联系到一些领域的专家，通过社交媒体为用户提供实时的专家服务。如《食物与酒》(*Food & Wine*) 杂志，在脸书与推特上定期组织在线聊天，该杂志的粉丝与追随者们则可以与已选好的编辑或知名大厨讨论菜谱或者某道菜的具体做法。类似的还有《康泰纳仕的旅行家》(*Conde Nast's Traveler Magazine*) 杂志，它鼓励杂志的粉丝们通过 Tumblr 的询问功能向编辑们咨询关于旅行的问题。《幸运》杂志作为一个时尚类杂志，在 Foursquare 网站建立了一个页面，该网站是一家提供用户地理位置的手机服务网站，通过此种方式，《幸运》杂志的粉丝们就可以通过自己智能手机访问页面提供的购物目的地。《旋转》杂志也在 2010 年美国得克萨斯州州府奥斯汀举办的音乐节期间，推出了一个音乐寻物游戏①。不同于只为用户提供文章，通过以上方式，这些杂志已经成为了他们读者生活的一部分。

除此之外，杂志社还通过社交媒体为用户提供一些娱乐性的内容。《时尚》杂志通过脸书中的游戏功能为在工作中无聊的粉丝带去娱乐。《时代周刊》杂志允许它在脸书上的网络社区成员创作人造的“年度人物”的图片，并发送给好友。不仅仅如此，杂志的出版商已经开始着手使用社交媒体的新宠——Instagram。《国家地理》杂志会经常在 Instagram 上分享漂亮的图片，《花花公子》则利用 Instagram 来分享编辑室幕后的

---

① Gotthilf，G. 2012. *7 Ways print magazine are using social media to engage readers*. http：// mashable.com/ 2011/02/09/social-media-magazines/#YwTuUvjakkq8[2015-10-12].

故事[①]。

为了保证与用户畅通无阻地沟通，传统的杂志出版商还积极地运用新的应用程序保持与用户的联系。兰登书屋的编辑们正在尝试使用 Flipboard 与读者互动。对于平板电脑和网站而言，Flipboard 是一个内容聚合的平台，Flipboard 还不断地鼓励用户通过运用 Flipboard 的内容资源生产为自己量身定制的电子杂志。兰登书屋的作者们通过运用 Flipborad 的内容聚合功能以一种全新的方式与读者进行交流。通过这个平台，作者可以将自己有趣的经历和读者分享，并能够和读者展开更深层的交流。

《福布斯》杂志也在积极地利用社交媒体，加强与用户的沟通，从而提高品牌的社会影响力。根据 Omniture 提供的数据，截至 2012 年 7 月，《福布斯》的官方网站达到了 3150 万的访问量。一年前该网站的访问量为 1850 万[②]。可以说，一年的时间里《福布斯》官方网站的访问量一路飙升。不仅官方网站的浏览量有了大幅上升，《福布斯》杂志的报摊零售量也比 2011 年同期有了 4.3%的上涨[③]。网站的访问量和印刷版的零售量都有大幅上升，这都说明《福布斯》杂志的社交媒体策略取得的较大成功。《福布斯》杂志的社交媒体策略主要是通过社交媒体进行内容的传播，并加强与用户的互动，通过社交媒体提高自己的社会影响力。《福布斯》杂志精选的作者们分布在不同的地区与领域，他们充分利用网络信息生态系统传播自己生产的内容，通过社交平台推送新闻及深度评论，并与用户一对一地交谈。经过长期的积累，《福布斯》的作者都

---

① Gotthilf，G. 2012. *7 Ways print magazine are using social media to engage readers.* Retrieved from http：//mashable.com/2011/02/09/social-media-magazines/#YwTuUvjakkq8[2015-10-12].

② Dvorkin，L. 2012. *Inside Forbes：How a Social Media Strategy can Work for a Magazine，too.* http：//www.forbes.com/sites/lewisdvorkin/2012/08/15/inside-forbes-how-a-social-media-strategy-can-work-for-a-magazine-too[2015-07-27].

③ Dvorkin，L. 2012. *Inside Forbes：How a Social Media Strategy can Work for a Magazine，too.* http：//www.forbes.com/sites/lewisdvorkin/2012/08/15/inside-forbes-how-a-social-media-strategy-can-work-for-a-magazine-too[2015-07-27].

在自己专注的领域建立了个人品牌，并利用社交平台将这一品牌延伸。如此就提高了《福布斯》的知名度，赢得了越来越多的用户。

（三）盈利模式

在未转型之前，消费类杂志的主要收入来源有两个：一是发行收入；二是广告收入。转型之后，广告依然是消费类杂志盈利的重要来源，只是广告的形式会发生改变。此外，流量思维的运用，也为消费类杂志的盈利带来了新思路。

1. 获取流量，提高关注度

凯文·凯利的《技术元素》一书中指出："目光汇集之处，金钱必将追随。"进入社交媒体时代，流量思维是非常重要的互联网思维之一。在互联网的估值模式中，很重要的指标就是流量，包括注册用户数量、活跃用户数、用户访问频率等[①]。流量的本质就是用户关注度，如推特，就是随着用户数量的急剧增加，其核心价值逐渐体现了出来，演变成了现在的社交媒体。消费类杂志在转型后，其社交媒体版也积极运用流量思维，推出优质的内容，赢得更多的转发和用户的关注，当用户量、阅读量、转发量达到一定级别时，就会发生质的飞跃，杂志就能吸引来更多的广告、更多的投资，并因此获利。

杂志所处的市场被经济学家称为双边市场。杂志为两种不同类型的人群提供了沟通互动的平台，他们分别为读者和广告商。读者和广告商之间的互动形成了一种能为杂志带来盈利的网络效应。

当产品的价值依赖于使用者的数量时，网络效应就会存在。网络效应有两种：直接网络效应，即各网站成员间相互交流产生的影响；间接效应，即依赖于网站的特色而产生的价值。网络效应对杂志的影响是很明显的。当杂志的读者数量增加时，由于读者对杂志的内容分享和评论

---

① 赵大伟. 2014. 互联网思维独孤九剑. 北京：机械工业出版社.

的次数较多，直接网络效应就产生了。依赖于网络效应的商业活动，如杂志和网站，尽管最初会有一段时间的成长，但最终还是会失败。因此，使用社交网站的杂志应该知道如何应对这种可能性。

社交网站要吸引大批的用户以建立一种平衡。然而，许多社交网站没有吸引一定的用户来保证其成功。一些社交网站最初吸引了大批用户，但很快就被强有力的竞争对手分散了大批用户，Friendster 和 MySpace 起初拥有成千上万的用户，并享有很高的知名度，但最后还是败给了新的竞争者，如脸书。社交网站可以鼓励用户转移成本以防止他们的离开，但是，决定用户最终去留的是网站目前的质量及对未来网站质量的期望值，如果期望值变了，自然去留的决定也就变了。

在双边市场中，许多用户会加入多个社交平台，这被称为多归属行为[①]。通过阅读多种杂志或在多个杂志刊登广告，读者和广告商也是多归属的。因此，杂志商应该明白为了保持其社交网站的竞争力而持续不断努力的重要性。消费类杂志通过在多个社交网站开通账号，也应该是多归属的，多归属就要求杂志的网站管理者掌握如何使每个社交网站高效运转。

此外，杂志经营者还应掌握在不同的社交网站吸引用户并盈利的能力。例如，如何把浏览其他网站的用户吸引到杂志社交网站的页面。通过社交网站盈利最为重要的就是要获得大量的网站浏览量，赚取流量的方式有很多种，如在社交媒体上发布不同于杂志印刷版的内容；使用微博上的内容或标题，把文章的标题制作得比较有特色，保证每一篇文章都有鲜明的观点，这样就会吸引大量的用户浏览该网站，这就给了用户持续浏览该网站的理由，以此为在线广告赚取较多的流量。杂志出版社也在通过社交媒体每天进行实时新闻动态的更新，尽管每天都要对内容进行更新会有些浪费时间，但是事实上会因此获得更多的点击量。通过

---

① Martin, H, J. 2013. The economics of word of mouth ：designing effective social media marketing for magazines. *Journal of Magazine & New Media Research*，（14）：5.

社交媒体巧妙地运用其他网站的内容甚至是竞争对手的内容，这样也能够增加网站的浏览量和用户的关注度。而且分享他人的内容，随后他人也会分享自己的内容。

总之，杂志通过社交网站盈利的重要方式之一就是尽最大努力吸引更多用户，在多个社交媒体开通账号，增加访问量。

2. 请广告商加入社交媒体

根据美国杂志出版商协会公布的“移动电子杂志读者调查”研究报告，59%的被调查者希望能够通过广告直接购买产品和服务，而70%的被调查者表示希望从杂志内容中直接购买产品和服务。在电子商务这一点上，大部分被调查者（73%）不排斥电子杂志广告[①]。由此可见，用户并不排斥杂志上出现的广告，甚至杂志上的广告对用户还有一定的感召力。

不仅如此，在最前沿媒体忽上忽下的所谓“新广告”的变化中，杂志的广告始终保持强有力的影响力。根据美国杂志协会的数据统计：在美国，91%的成年人和 95%的 25 岁以下的成年人都会阅读印刷版杂志和数字杂志，排名前 25 位的杂志拥有的读者远远超过排名在前 25 位的黄金时间播出的电视节目[②]，由此可知，杂志的广告具有很强的宣传力。因此，消费类杂志在与社交媒体融合后，一直在发挥其强大的广告影响力。

传播学领域有一个理论叫“使用与满足”理论，简单而言就是通过分析受众的媒介接触动机以及这些接触满足了他们的什么需求，来考察大众传播给人们带来的心理和行为上的效用。对于杂志而言，在杂志社交媒体版刊登的广告应该以用户的需求为出发点。

---

① 李多. 2012. 美国杂志出版商协会发布移动电子杂志研究报告. 出版参考，（2）：41.

② Kim，J.，Lee，J.，Jo，S.，Jung，J. & Kang，J. 2015. Magazine reading experience and advertising engagement：A uses and gratifications perspective. *Journalism & Mass Communication Quarterly*，（92）：180.

标语广告是在社交媒体上刊登广告最主要的形式，杂志社创造性地利用社交媒体为与广告商和合作伙伴的合作增加了机会。在推特和脸书上进行广告投放，都是广告商在利用两者数量巨大的用户群而得到直接的收入。此外，还可以在网站上使用弹出式广告，虽然这种广告形式让人很不喜欢，但它的效果是明显的。其目的就是为了赢得更多的浏览量和杂志的订阅量，因此，即便冒着让用户感到厌烦的风险也在所不惜。杂志社一般会给广告商提供一个关于自己的读者和用户的高质量的数据库，通过这个数据库，广告商可以更多地了解用户，使其广告更有针对性。

美国的消费类杂志在与社交媒体融合的过程中，不断尝试通过社交媒体与广告商建立全新的合作关系。因为杂志在社交媒体上都建有不同的网络社区，杂志的出版商可以邀请广告商或者其他合作伙伴加入其中进行讨论，但讨论的目的并不是推销产品，而是通过与用户交流沟通，了解用户的需求，广告商提供的信息应为用户提供更多附加值。并且，杂志在社交网站的内容可以接受一些广告商的赞助，但这些广告必须要有趣并且有吸引力，能够吸引用户点击浏览。此外，杂志的运营部门，还有意识地与广告商合作，为用户提供有价值的内容、优惠活动等，帮助广告商建立品牌，从而取得经济效益。

三、美国社交媒体与消费类杂志的融合困境与对策

（一）融合困境

任何融合与转型都不是一帆风顺、完美无瑕的，传统消费类杂志业在与社交媒体融合的过程中进行了一系列转型，取得了不错的成果，为杂志业带来了一线生机，但客观地说，两者还未达到水乳交融的状态，之所以这样说，是因为在融合的过程中仍有一些问题与困境，如果这些困境不能得到很好的解决，依然会阻碍两者深入的融合与发展。

1. 杂志印刷版发行量下降

社交媒体与消费类杂志融合的困境之一在于融合的方法不恰当。经过融合与转型，读者可以通过杂志的印刷版、杂志的网站、杂志在社交媒体推荐这三种方式阅读到一期杂志的内容。当杂志提供的在线内容都来自于印刷版的内容并且是免费提供的时候，杂志的发行量就会下降。据调查分析，杂志建立网站后，印刷版的销量会平均下降 3%~4%。当杂志把所有印刷版的内容都变为电子版置于网站上，那么其印刷版的发行量会平均下降 9%。如果杂志的网站页面不再继续精心设计，那么它对读者的吸引力也会日益下降。

此外，因为杂志的印刷版是定期发行，如果杂志在社交网站上推送的内容也是定期更新，会因更新频率慢而减少用户的关注。如果杂志的编辑将杂志新一期的内容在社交媒体时时更新，势必会使读者在杂志印刷版还未发行时就没有兴趣了，必然会造成杂志发行量的下降，长此以往，一家杂志距离垮台也不远了。从这个角度说，如果不能很好地解决融合后对资源的分配与利用问题，融合后社交媒体对传统消费类杂志的影响可能会更大，不仅不会助力于消费类杂志的发展，反而会对其造成更大的冲击。因此，在融合的过程中要找到共赢的方法。

2. 复合型人才缺失

所谓复合型人才是指既精通杂志从选题策划、内容生产到编辑印刷、出版发行的整个过程，又有较高的互联网运用能力，不仅能熟练使用社交媒体，而且还能通过海量数据分析出用户的阅读习惯及阅读预期等的人才。不仅如此，复合型人才一般还具备较强的创新能力、过硬的技术能力及高效的传播能力等。消费类杂志在和社交媒体融合的过程中，需要大量的复合型人才，而复合型人才存在大量的缺口。杂志社的原有员工也主要以熟悉传统媒体运作的人为主，整体的业务水平、技术水平还都停留在融合前的水平。在短时间内，杂志社原有员工对和社交媒体相关技术的应用与掌握滞后于转型融合的发展需要。而刚刚成长起来的新一代从业者，虽然熟悉互联网技术，对社交媒体的使用相当熟练，但对消费类杂志的运营模式了解不多，对整个杂志业缺乏全面而深刻的认识。因此，人才的供应上出现了“青黄不接”的局面。消费类杂志作为传统媒体，是人才密集型产业，所谓得人才者得天下。所以，复合型人才的缺失是影响其进一步融合发展的原因之一。

3. 对数据分析能力不够

在消费类杂志与社交媒体融合的过程中，遇到了很多技术瓶颈问题。其中，对庞大而复杂的数据进行筛选分析并得出有力的结论，就是一个比较棘手的技术难题。例如，通过社交媒体，获知用户的需求，但得知用户的内容需求是一个长期而又复杂的过程，需要杂志社投入相当的财力、人力和物力，对用户的行为进行艰苦细致的调查分析与研究判断。这个过程需要获知用户行为记录、用户需求信息、用户下载记录、用户浏览记录、用户评价信息等相关记录。大数据的平台需要可以处理不同种类数据的数据整合技术。但到目前为止，多家杂志社因为人才的匮乏，对大数据、云计算技术应用不到位，就很难根据这些记录得出精准的分析结论。诸如此类的问题还有很多，技术水平的制约也是阻碍进一步融合的因素之一。

（二）应对之策

消费类杂志和社交媒体融合困境的出现，说明两者融合的很多方面还有待磨合、有待提升，以下对策或可解其融合困境之难题。

1. 内容差异化

内容差异化对于吸引读者的重要性由一个暗喻即可总结出来：杂志像一个三条腿的凳子，差异化的内容首先能撑起凳子的一条腿——读者，因为吸引了很多读者，因此能够建立起杂志的另一条腿——发行量，然后通过发行量吸引另一条腿——广告[①]。这三条腿可谓“一荣俱荣，一损俱损”，共同促进杂志健康有序的发展。在社交媒体时代，为了吸引更多读者并留住广告商，为了杂志能够在激烈的竞争中立足并拥有一席之地，杂志的内容同样应该保持差异化。

首先，内容的差异化表现为消费类杂志网站的在线内容和印刷版的内容保持差异化。杂志社可在一期杂志发刊前几天，在网站上公布杂志的全部内容，根据网站用户的反响，将最受欢迎的内容及精炼后的内容刊印出来，如此一来，打破了原有的发行流程，使杂志网站的内容和印刷版内容保持了差异，虽然印刷版没有原创内容了，但内容的含金量会更高。

其次，杂志的社交媒体版的内容在推送杂志内容的同时，也可以分享对下期杂志内容的预告及文章的故事梗概、广告商对用户提供的独家优惠、杂志编辑室的幕后故事等。如此做法，就保持了杂志印刷版、网站内容和社交媒体推送内容的差异化，并且每种内容都对用户有足够的吸引力，用户可根据自己的情况自由选择。

2. 大力培养复合型人才

复合型人才的培养并非一朝一夕之功，是一个循序渐进、不断坚持的过程，毕竟消费类杂志和社交媒体的融合涉及内容、技术、传播等多方面的内容。解决复合型人才匮乏问题，首先可将杂志社内部的人才进行整合，将技术人员、内容编辑人员、营销人员及其他人员整合在一起，并非单个复合型人才，而是组成了一个人才复合团队，以解复合型人才缺失的燃眉之急。当然，解决这一问题最重要的还是杂志社要自主培养复合型人才，如可以出资对杂志社的人员进行相关的培训，或组织员工到转型融合较高的杂志社进行学习交流，这样能开拓员工的眼界，提高

---

① Martin，H，J. 2013. The economics of word of mouth：designing effective social media marketing for magazines. *Journal of Magazine & New Media Research*，（14）：2.

员工的综合能力，有利于复合型人才的培养，并且，自主培养的人才比较稳定，容易为杂志社所用，不易流失。此外，杂志社可以联合高校，将学校教育、课程设置和杂志社的用人需求结合起来，并不断给学生灌输学以致用的理念，杂志社为高校的学生提供广泛而充分的实践基地。总之，对于复合型人才的培养既要认识到位，也要积极付诸行动。唯有如此，复合型人才才能源源不断地培养出来，保证消费类杂志和社交媒体在融和转型的道路上越走越远。

3. 提高分析数据的能力

由于互联网技术的发展，人人都在发布一定的信息，这些信息本身就是数据，海量的数据就意味着增加了有效使用数据的难度。目前，市场上已经有了一些数据分析工具，杂志社可以通过运用这些工具，对用户的信息进行分析，建立相关的模型，从而对用户的需求得出分析结论。此外，还应不断培养技术人员分析理解大数据的能力，使他们能够精准地解读出大数据分析的结论。执行人员也要非常了解杂志行业生产各个环节的关系、各个要素之间的关联，并且能够将大数据得出的结论具体一一执行起来。通过这些培养与锻炼，杂志工作人员对数据分析的能力会日益提高，会将分析出来的结论理解得更为透彻。总之，提高数据的分析能力并不是短时间内就能实现的，要有足够的信心与勇气应对，经过不断的磨练与探索，提高数据分析能力，指日可待。

结　束　语

在美国的社交媒体环境下，消费类杂志遇到了前所未有的冲击，发行量下降、广告收入锐减等这一系列的冲击使消费类杂志呈现出日薄西山之势，与社交媒体融合是挽救其颓势最明智的选择。在经历了内容生产的转型、发行模式的转型与盈利模式的转型后，美国消费类杂志的发展进入了一个崭新的平台。虽然在转型的过程中遇到了人才、技术等一些困境，但健康的社交媒体环境为其成功转型提供了根本的保障。总体而言，美国消费类杂志选择和社交媒体融合是明智的，就目前的效果来看是比较成功的，相信两者以后的发展道路会一片光明。

2 美国社交媒体对图书出版与传播的影响

核心提示：社交媒体使图书出版和营销的内涵与外延发生了颠覆性变化，它以一个超平台的角色把传统出版流程中相互独立的作者、出版商、销售商、读者连接到一起，并使读者的角色发生了变化，使复杂的传统出版流程变得扁平化，促进了实体书店的销售，推动了传统出版商与社交媒体的合作，使得盈利模式更加精简。借助社交媒体，美国自助出版业大行其道，自出版作者积极利用社交媒体开展营销行为。社交媒体对图书出版和大众阅读也产生了一些消极影响，包括引发读者的信息倦怠、图书版权问题等。

社交媒体使图书出版的内涵和外延发生了颠覆性的变化，它以一个超平台的角色把传统出版流程中相互独立的作者、出版商、销售商、读者连接到一起；使复杂的传统出版流程变得扁平化，盈利模式更加精简。

对于任何一家社交媒体而言，其用户数量客观上都具有一定的商业价值。在图书出版领域，读者是商家追逐的对象，他们分布在不同的社交媒体上，他们的言论对图书销售具有非常大的影响。如何找到隐匿在社交媒体背后的目标读者，如何利用他们的社交关系进行图书营销是目前美国出版商、自出版作者、第三方出版平台的竞争焦点。

一、社交媒体与图书出版的融合

社交媒体是炙手可热的新媒体平台，在 10 余年的时间里实现了飞跃式发展，用户数量呈井喷式增长，未来可期；而图书出版的发展也在传统纸质图书出版的基础上孕育出数字出版物，可谓老树出新芽，新旧交织，方兴未艾。社交媒体与图书出版这两个看似没有交集的领域，在融媒体时代、大数据技术的背后却有着千丝万缕的联系。美国的图书出版业在世界图书出版产业格局中始终占有举足轻重的地位，同时美国也是社交媒体的发轫之地，孕育了众多有世界影响力的社交媒体品牌，两者的融合发展代表了社交媒体时代图书出版行业的最前沿。

（一）融合历程

Web1.0 时代，网络上的文本资源变得空前丰富，纸质内容开始转变为电子版的形式在网上存储、传播。但是由于反馈渠道的不健全，读者在网上的主动参与性并不高，所以真正意义上的社交媒体还未大规模形成。

Web2.0 时代，带来了交互式传播。读者可以畅所欲言地发表评论，彼此互动。至此社交媒体成为了一个全球化的交互平台，互联网日益成为一个公共的、协同生产的平台，任何人都可以创作、出版，而在此之前这些功能是属于特定人群的专利。

Web3.0 时代，社交媒体的体验性增强。在图书出版领域，社交媒体为读者带来了更加精准的图书推荐服务；另外，垂直性社交网站的普及让阅读和社交融为一体，出版商、作者、读者的关系更加紧密。

Web4.0 时代，社交媒体会将阅读变得更加智能，智能知识分配系统使图书出版成为单个读者量身打造的知识大餐，从选题策划到阅读互动，每一步都完美契合读者心意。

进入 21 世纪后，社交媒体迎来了大发展，特别是最近 10 年，社交媒体的种类和数量的递增速度让人瞠目。各大社交媒体的用户争夺战扩大了民众的卷入程度，席卷了各行各业。

根据皮尤研究中心的调查数据，2012 年至 2014 年间，美国成年网民使用社交媒体的比例不断增加，脸书仍是目前最受欢迎的社交网站，2014 年 71%的美国成年网民使用脸书，除了用户众多之外，高活跃度、高粘性也是脸书的显著特征，70%的注册用户通过各种终端保持每天登陆。新的研究发现，65 岁及以上的用户占脸书总用户的一半以上，这是社交媒体研究第一次发现老年用户的规模如此之大。换言之，在美国，脸书不再是年轻人的专利，它已成为全民化社交工具。

在第一轮用户数量争夺战中，脸书无可比拟的用户数量成为最大的赢家。但是随着用户需求的分化，社交媒体的类别也不断细化，并且在各自的小市场中如鱼得水。诸如 Pinterest、Instagram 等图片分享类社交媒体是年轻人的时尚阵地，它们的出现分散了部分老牌社交媒体的用户；与此同时，视频类社交媒体的涌现也占据了相当大的流量，尤其在儿童到青年这个年龄段，视频网站的人气颇丰，根据《尼尔森 2014 年童书产业报告》，视频网站是美国 6 周岁以下儿童获取乐趣的第二大来源。

社交媒体使用人数的增加以及种类的分化让我们看到社交媒体已经整体上覆盖了美国实体书的读者群，从儿童到老年人，各年龄段能接触到实体书的读者都会被社交媒体所影响，或在社交媒体上影响着他人。

（二）实例与分析

1. Goodreads+亚马逊

实体书店数量越来越少，虚拟书店的数量呈几何式增长，其中以亚马逊为代表的网上书店与社交媒体在图书推介方面发挥了极具人性化的作用，整体来看读者发现好书的机会在逐渐增多。

Goodreads 成立于 2007 年 1 月，是目前全球最大的图书推荐网站，它帮助人们发现好书、分享好书。截至 2015 年 6 月底，Goodreads 已拥有 4 亿注册用户、4.3 亿篇书评。

Goodreads 利用数据分析技术为用户提供精准的图书推荐服务。从用户注册开始，到各个使用环节，读者在 Goodreads 上产生的行为数据都会被“记录在案”，后台以此为依据为用户提供个性化的图书推荐服务。

具体来说，当用户首次注册时，需要在 Goodreads 提供的图书类别界面上选择一个或多个自己感兴趣的图书类别，比如“艺术”“科幻”“历史”等。通过试读部分图书简介，用户至少要为 20 本图书进行打分，这里采用的是五星评判制：“不喜欢”“一般”“喜欢”“真的不错”“太棒了”。用户需要为每本书给出一个忠于自己内心的评价，Goodreads 以此来判断每个用户的阅读偏好，推荐给用户可能感兴趣的图书。如果用户想享受更精准的图书推荐服务，可以在空闲时候试读更多的图书并评分。当然，在以后的使用过程中，随着使用量的增加，行为数据会越来越多，系统会自动更新和完善数据，按照最新的需求提供给用户，从这点上来说，Goodreads 可能比我们自己更了解我们究竟喜欢读什么。

除了图书推荐服务，Goodreads 更重要的角色是全球首屈一指的在线阅读分享社区。它聚集了大量爱好读书的网友，这些人无论是在现实生活中还是网络世界中都是图书的簇拥者，他们往往对经典图书信手拈来，也是新书的第一批尝鲜者。他们通常在各自的领域扮演着图书“意见领袖”的角色，通过一篇洋洋洒洒的书评甚至一条简单的推文就可以影响到周围人的阅读。正是由于 Goodreads 上这些用户的积极分享，使得 Goodreads 成为美国最大的线上图书发现平台，它连接了脸书、推特等社交站点，允许用户添加脸书、推特上面的好友，并和朋友分享阅读感受。对于很多读者来说，Goodreads 这类社交网站使阅读变得不再枯燥，随时随地都可以和朋友共享阅读的乐趣。

共享与分享是人类得以从原始社会繁衍至今的本能，正是基于这种与生俱来的本能我们才能不断地创造、传播信息，才拥有时至今日如此多元化的文化。网络的普及使分享变得无比便利，也衍生出了一种互联网分享精神，这种没有利益期许的分享精神让社交媒体有了产生的可能。以 Goodreads 为主的阅读分享类社交媒体的出现改变了人们长久以来关门苦读的阅读习惯，激发了分享精神，阅读变成了“悦读”。

如果说 Goodreads 改变了下游读者的阅读习惯，那么亚马逊与 Goodreads 的合作则颠覆了整个出版链条的固有模式。2013 年亚马逊收购了 Goodreads，但保持了 Goodreads 的相对独立性。亚马逊在图书行业从销售起家，一直霸占着盈利链条的末端，虽成就不凡但对读者需求的把握不足严重制约了其称霸图书市场的野心。此次收购 Goodreads 能够弥补亚马逊在图书推荐、分享方面的劣势，进一步完善其图书盈利链条。

具体来说，这次合作带来了一些变化：Kindle 阅读器中集合了 Goodreads 服务，无需跳转网页用户在 Kindle 上就可以体验社交式阅读，阅读的趣味性增强。Kindle 用户在阅读时遇到好的图书或片段可以直接与朋友分享，不用再去 Goodreads 界面提醒好友阅读，Kindle 就可以提供社交需求。除此之外还可以看到好友的虚拟书架，把喜欢的图书添加到自己的预读列表里，随时分享阅读感受。Goodreads 用户可以把在亚马逊购买的图书添加至 Goodreads 的虚拟书架。在“我的图书”页面左侧工具列表中会出现“添加购买的亚马逊图书”这一项。Goodreads 用户在使用亚马逊账户登录后，就能够在此看到过去所有购买的书籍，并对每一本做评价，分享给朋友。此举充分利用了 Goodreads 垂直型社交网站的专业化优势，使其成为亚马逊网上书店的营销平台。

纽约咨询公司 Idea Logical 首席执行官迈克·沙茨津表示：“这是亚马逊的明智之举，如果你是一家图书经销商，那么在线营销方面你能想到最多的就是亚马逊和 Goodreads。”[①]

由此可见，亚马逊和 Goodreads 的强强联合使得整个线上销售网络

---

① 小贝. 2013. 亚马逊收购社交阅读网站 Goodreads. http：//tech.qq.com/a/20130329/000016.htm [2015-10-11].

变得更加通畅，不同站点间的数据可以自由转换，信息的互通给读者带来更人性化的的阅读体验，最终 Goodreads 势必会对亚马逊起到重要的引流作用。

Goodreads 的创始人奥蒂斯·钱德勒称，社交媒体对传统行业的冲击越来越大，出售 Goodreads，与亚马逊合作，是迎接行业挑战的必然选择。两家都希望借助彼此的力量在图书出版领域有更大的作为。奥蒂斯还表示，与亚马逊结合之后，Goodreads 会继续在社交媒体与阅读领域继续进行创新。

近年来，“图书产业的生态系统正在被谷歌、苹果和亚马逊颠覆”这种说法得到越来越多业内人士的云集响应，而亚马逊收购 Goodreads 无疑是对谷歌和苹果的一次挑战。在社交媒体方面的频频发力，体现出亚马逊对传统图书产业的强烈颠覆欲，具体而言就是联合社交媒体打造更加完整、体验性更强的图书产业链条，并且争取在各个环节都亲力亲为，以体现其对整个流程的绝对控制权。在给用户带来极致阅读体验的同时，从竞争对手那里争取更多的消费者，为电子商务平台增加销售额，主宰图书行业，才是亚马逊的最终意图所在。

2. Aerbook：图书推荐、售卖一体式网站

人们花费在社交媒体上的时间越来越多，每日徜徉在各种社交媒体的信息流中不知所倦。信息流改变了人们的信息获取方式——由主动搜索逐渐变为被动接受。这种转变为图书销售带了新的契机，即利用社交媒体的信息流推送图书广告，让用户在无意识地信息浏览中接受广告，进而完成图书购买。

罗恩·马丁内斯于 2010 年在旧金山创办了 Aerbook，它是一个开放型的出版物推荐、销售平台，任何种类的图书、音像产品都可以在此实现自身的商业价值。

通过社交媒体直接向消费者售卖图书是 Aerbook 最卓越的功效。

通过在 Twitter、Facebook、Pinterest 等社交媒体上发布信息流广告，为用户提供图书简介、试读样章、阅读心得等信息，Aerbook 帮助出版商和作者在社交媒介中提升品牌影响力、增加零售机会。如 Aerbook 充分利用了社交媒体的信息传播特点和用户碎片化阅读习惯，将图书广告巧妙地移植到社交媒体的信息流中，让没有购买意图的人也能轻松实现购买。比如推特的用户在浏览信息时，无意中看到了 Aerbook 上的图书链接，点开链接，他就会看到某本书的简介、样章、购买地址等信息，如若恰巧他对该书感兴趣的话，那么他可以通过 Aerbook 提供的购买链接从 Aerbook 的网页转到电商的购买界面，轻松完成购买；当然，用户还可以把它继续分享到各种不同的社交媒体上，使这条图书广告在不同的网络时空中自由穿梭，成为全球化的图书广告。这种不经意的浏览、不经意的购买，正好契合了碎片化时代人们发现好书、购买并阅读的新常态，即一切都发生在数秒之间，而一切惊喜都无法预料。

Aerbook 对自出版作者的帮助更大，它可以为作者提供全方位的图书营销服务。当前它有三种合作方案共作者选择：

一是注册 Aerbook 会员并上传电子版文档，用户就可以将 Aerbook 生成的图书信息分享到社交媒体，这里包括一个带有图书样本的产品页、分享链接、一键购买按键。Aerbook 替作者处理订单，并收取净收入的 15%，作者得到净销售收入的 85%。

二是作者每年缴纳 29 美元，除了方案一中的服务外，Aerbook 还会将图书售卖地址链接到其他零售商，以此来扩大销售渠道。

三是作者每年缴纳 59 美元，在拥有前两项提到的所有服务外，Aerbook 会为图书进行全方位营销[①]。

---

① Reid，C. 2014. *Aerbook turns social media into a virtual bookstore*. http：//www.publishersweekly.com/pw/by-topic/digital/retailing/article/61453-aerbook-turns-social-media-into-a-virtual-bookstore.html?TB_iframe=true&caption&height=650&keepThis=true&width=850[2015-10-11].

3. Instagram、Pinterest：不只是社交

我们生活在一个偏重视觉感受的时代，图片、视频的影响力正在逐渐赶超文本产品，种类繁多的画报、漫画已从次文化走向了主流文化的中心。尤其是随着平板电脑的大规模普及，越来越多的纸质书读者开始转向平板阅读，带来的结果是文字阅读减少、图片阅读增多。无论我们承认与否，图片时代已经对延续千年的文本阅读产生了重要影响，而且正在潜移默化地改变着人们的阅读习惯，图书行业也在因此而经历着颠覆性变革。

在移动互联网时代，图片比文字更受多数网民的欢迎，像 Pinterest、Snapchat、Instagram 等图片类社交网站成长速度远远大于脸书、推特等文字类社交网站，他们对图书营销的贡献同样不容小觑。

《霓裳密语》（*The Time-Traveling Fashionista*）是一套关于时装变迁的系列图书，作者是比安卡·图雷茨基，书中的礼服插图华美至极，精细地描摹出不同时期的时尚风韵。

在推广此书时，营销人员充分考虑到了这本书的特性——时尚色彩浓厚、图片精美且丰富，所以目标读者一定是对时尚感兴趣的人士，同时选择能做大限度展现图片美感的媒体。考虑到如今对时尚感兴趣的人多数集中在流行的社交媒体上，所以该书就把社交媒体作为了重要的推广平台之一，同时考虑到 Instagram 作为首屈一指的图片分享型社交媒体在时尚人士中具有强大的号召作用，所以就在此做重点投放，发布书讯、活动照片等。结果不负众望，这本书在社交媒体上吸引了大量时尚青年，在 Instagram 上，众多青年作者和个性十足的博主都发布了图片和文字支持比安卡·图雷茨基这套新书，从线上到线下形成了广泛的口碑传播效应。在这次的图书推广中 Instagram 的表现十分出众，主要是因为它的特性与《霓裳密语》的基调非常吻合，与推特和脸书等综合性的社交媒体相比，它的年龄分布更加低龄化，年轻用户的比例远远超过

中老年用户；专门化的图片分享型社交媒体，自带图片美化功能，而该书图文精美，非常适合以图片的形式在网上传播。

Pinterest 是也以图片分享为主的社交媒体，与 Instagram 不同的是，Pinterest 的图片大多来自于互联网，而 Instagram 的图片大多是用户自己拍摄上传的。Pinterest 的主页面像一个贴满花花绿绿图片的白板，用户可以把自己喜欢的图片“钉”在白板上与大家分享，他们还可以选择关注好友、某品牌、名人和出版商的“板”面，并且为他们添加标签。社交内容发现及分享平台 Shareaholic 将它和脸书分别誉为社交推荐领域的“皇后”和“皇帝”。在 Shareaholic 发布的 2014 年第三季社交媒体推荐流量中，脸书以平均 22%的流量高居榜首，Pinterest 紧随其后，而推特的流量已经下降到不足 1%。仅成立 5 年的 Pinterest 在社交媒体推荐活跃度方面把包括推特、Youtube 在内的许多老牌社交媒体甩在了脑后。如果只考虑电子商务流量，那么 Pinterest 推动的社交流量还在脸书之上，因为它的许多图片直接来源于电子商务网站，并附有购买链接，所以它的流量通常比脸书或谷歌的流量更有价值。

在 2015 年的一次书商营销会议上，Pinterest 的营销部经理佐伊·皮尔森表示：“多数人对 Pinterest 存在很多认知上的误区，在我看来与其把 Pinterest 看做是一家图片分享型社交网站不如把它当做一个视觉化营销的工具。在 Pinterest 上，通过特有的算法我们可以把用户想要的东西以视觉化的形式呈现。”[①]除了社交媒体必备的“分享”功能外，Pinterest 最大的特点在于任何用户都可以为图片添加标签，这些标签为他人日后检索提供了便利，如果某人想浏览一些青少年读物的图片，他可直接点击网友先前已经编辑好的“20 多岁”的标签，接下来 Pinterest 上所有带此标签的图片都会呈现在眼前。对于想在 Pinterest 上为图书做广告的出版商来说，他们可以在这种广告模式下购买关键词，以优化搜索引擎，

---

① Eyre，C. 2015. *Pearson：How Pinterest can work for publishers*. http：//www.thebookseller.com/news/pearson-how-pinterest-can-work-publishers-305034[2015-10-11].

从而在搜索结果和信息流中突显他们的图片。

与其他社交媒体相比 Pinterest 的用户有以下特性：女性居多，爱好文艺事物，知识水平较高，热衷购物。这些特点恰好吻合企鹅兰登书屋的目标读者的形象，于是企鹅兰登书屋就把 Pinterest 当做了一个品牌展示平台，以期吸引那些目标读者的眼球。目前它的“白板”上有 72 条标签，大多是类似于“最佳封面”“假期趣事”“最佳引言”等轻松愉快的图集，更有趣的是一些图集中不乏带有企鹅兰登书屋商标的美甲和饰品的美图，这些图书周边产品专注于各种文艺趣事，除了能刺激书虫的购买欲，更有助于品牌形象的塑造。

Pinterest 是年轻人聚集的时尚阵地，年轻用户的比例远远高于中老年用户，把图书搬到 Pinterest 上，同流行服饰、电影、音乐一起被贴上“时尚”的标签，是出版商拉拢年轻读者的明智之选。可以说，在当下流行的社交网站上，图书、阅读被重塑了，聪明的出版商和作者改变了一直以来在读者心中塑造的严肃形象，以非常具有亲和力的低姿态深入洞察现代读者的需求，不仅在纸质图书销售低迷的情况下力挽狂澜，而且在社交媒体上掀起了一股有关阅读的时尚风暴，拉动了线上线下的图书销售，在电子产品时代重塑了图书在精神消费领域的重要地位。

4. 视频类社交网站的突围

图文类社交媒体是图书出版市场的主力军，但是 Youtube 这类视频类社交网站对图书出版业的贡献同样不容小觑。

根据《尼尔森 2014 年童书产业报告》，视频网站是 6 周岁以下儿童获取乐趣的第二大来源，对 7—12 岁的孩子而言，视频网站是他们日常学习、娱乐的第五大来源。43%的 12 岁以下的孩子喜欢在在平板电脑上浏览视频，这个比例还在不断上升。因此，一些在视频类社交网站的博主成为了孩子们眼中的大明星。2014 年 7 月，在一项针对青少年的调查中，有一个问题是“对你影响最大的五个人”，其结果是在 Youtube 上备受欢迎的喜剧演员 Ian Andrew 和 Hecox and Anthony Padilla 排到榜首。新一代网络视频的年轻作者们为了做出更受观众喜爱的节目，也为了树立自己的品牌而夜以继日地把自己关在家中搞创作[1]。

许多热衷时尚、喜欢打扮的姑娘在 Youtube 上上传自己的化妆视频，还有很多热爱美食的饕客分享美食制作的视频。诸如此类的生活时尚类内容在视频类社交媒体上异常火热，他们中的很多已经被编辑成册，走出屏幕，走进书店，登上畅销书排行榜。

2014 年 9 月，西蒙舒斯特和美国联合人才经纪公司联合构建名为 Keywords Press 的出版社，旨在为数字创新型作者提供一个平台，通过这个平台帮助他们促成优秀线上内容的转化。Keywords Press 的负责人朱迪思・克尔说："我们帮助那些在线上有优秀作品的网络创作者，发掘其闪光点，并为他们量身打造一个合适的卖点。我们绝对不是 Youtube 上的搬运工，会根据不同作品进行二次创造。" Keywords Press 的目标是每年出版 6—10 部作品，内容包罗万象，目标读者涵盖儿童和成人。

线上内容转为线下出版，出版商看重的不仅仅是内容，他们同样看到了这些博主在网上一呼百应的号召力。把粉丝喜欢的网络内容转换成纸质出版物，再由博主放到社交网站上进行宣传，虽然压缩了营销费用，但质量丝毫不打折扣，甚至比传统的图书营销能达到更好的效果。

近年来，网络视频的迅猛发展占据了阅读时间，因此不少出版商和作者对视频网站嗤之以鼻，但是美国一些著名出版社不仅没有排斥反而利用视频网站的优势开展图书营销。

牛津大学出版社经常发布视频形式的图书简介和作者访谈，这些视频一般时长为 3 到 5 分钟，主题单一而明确。牛津大学出版社是在 Youtube 上拥有频道较多的大学出版社，并且人才资源丰富，大约 40 位工作人员从事 Youtube 上视频的制作和运营。

---

① Burling，A. 2015. *Book publishing comes to Youtube*. http：//www.publishersweekly.com/pw/by-topic/childrens/childrens-industry-news/article/65605-book-publishing-comes-to-Youtube.html[2015-08-26].

哈佛大学出版社共有 67 个视频，包括“历史”“数字产品”“经济学”“军事历史”几大部分。其网络内容主管格雷戈瑞·考恩布鲁说哈佛大学出版社上传到 Youtube 上的作者采访视频点击率大约能达到 1500 到 2000 次，一些著名作者的点击率会更高，数学家保罗·洛克哈特的图书《度量》（*Measurement*）获得了 23 000 次点击。

哈珀柯林斯出版集团及其下设的各子出版社都在 Youtube 开设了自己的主页，并根据各自的出版方向发布相关视频。哈珀柯林斯儿童出版社在 Youtube 上约有 2500 位订阅者，它的主要视频是关于儿童教育的，许多深受儿童喜爱的童书作者在 Youtube 上教孩子画画、传授读书知识。

视频相较于纯文字内容点击率更高，尤其是对于一些需要用图标、动画来阐释的抽象问题，视频无疑是一个更好的载体。

（三）社交媒体的背后：读者数据

从字面上看，社交媒体是一种用来人际沟通的工具，但是如果仅从这个层面来理解社交媒体，无异于低估了社交媒体内在的强大功能。对其更准确的理解应该是，基于数据挖掘、储存、分析技术而衍生的信息共享平台。社交媒体上的精准消费驱动模式蕴含着巨大的商业价值，对于图书出版商来说社交媒体用户发表的评论、上传的图片、听过的音乐、看过的视频等个人化数据，蕴含着丰富的潜在消费倾向。通过对用户数据的挖掘和分析，可以大幅度提升图书策划、市场营销的成功机率。“数据”让原本主观性较强的图书出版活动变得更加客观，更适应市场的需求。

CoverCake 是一个专注于社交媒体图书数据分析的平台，它可以搜集并分析所有社交媒体上有关具体图书、书评、作者等的所有数据，并运用科学的算法总结出用户言论的倾向性：积极、消极、中性。这对于竞争日趋激烈的图书零售市场具有极其重要的作用，作者和营销人员通过 CoverCake 可以跟踪特定书目在社交媒体上的表现，比如知道多少人在社交媒体上发布了关于某本书的信息；可以清楚地看到社交媒体上人们对不同类型的图书的讨论程度、某本图书的读者性别分布情况等。所有的数据以彩色图表的形式清晰、直观地呈现给我们，这些可视化的数据对于作者和营销人员具有很实用的指导作用。

二、社交媒体与传统图书出版

（一）图书出版行业的角色变革

单独的个体通过有节点的信息链条与世界相连，爆发式的信息在大数据技术的作用下，变得条理清晰、目标指向明确。经过数年的培育，网民自由互动的习惯已经养成。这一切使得读者、作者、出版商之间的关系出现新的变化，读者不再是销售链末端被动的信息接收者，社交媒体把他们的位置挪到了图书出版流程的最前端，即图书策划在后，读者分析先行，读者还可以在整个图书图版流程中畅所欲言，为作者提供创作灵感。

从专业作者方面来说，社交媒体的最大贡献在于为他们提供了一个开放的展示平台，把作者从出版社的束缚关系中解放开来，他们可以随时随地发布个人感触、分享写作进度，与读者进行完全平等的沟通，这在社交媒体出现之前完全只是臆想。如今这种沟通随处可见、方便易行，社交媒体也逐渐成为很多作者塑造个人品牌的平台。

对一些文艺爱好者而言，社交媒体促成了他们向专业作者身份的转变。巴德兄弟和维加德·伊尔维萨克在 Youtube 上发布了一段名为《*What Does the Fox Say?*》时长三分钟的音乐视频，令他们想不到的是，这段视频引得网友争相转载，随后他们开始进行内容线下出版的尝试，2013 年 11 月正式出版，并取得惹人注目的成果，在挪威第一次印刷就达到了 25 万册。随后一大波在 Youtube 上获得网友认可的内容争相从社交媒体走向书架，这也是 Youtube 作者向图书出版领域进军的第一波浪潮，造就了大批视频作者向作家身份的转变。

长期以来以出版商为核心的卖方市场逐渐将图书市场主导权让位给读者。社交媒体出现以前，出版商与读者的关系是图书销售活动赋予的一种买卖双方的关系。但是现在即使读者不买书，也可以通过在社交媒体上与出版商的互动与之建立一种虚拟的朋友关系。社交媒体能让原本的金钱链条下的两方不产生购买行为就建立一种彼此信任的情感式联络。在这种情况下，出版商在社交媒体上塑造的品牌形象功利性减弱、情感性增强。社交媒体缩小了出版社与读者之间的鸿沟，使两者沟通起来更加便捷、亲密，对增加出版社的读者粘性、提高读者的体验效果具有双向优化作用。

（二）社交媒体颠覆传统出版流程

社交媒体为优秀作品提供了展示平台，也颠覆了线性出版流程。选题策划、约稿、图书撰写、出版、营销等环节不再是一环套一环地进行，跳跃式出版、逆向出版在此背景下成为可能。

Instagram、Tumblr、Facebook、Twitter 等社交媒体帮助读者、作者找到彼此，并建立兴趣社区来互相推荐有意思的读物、讨论选题。以《*Naptime with Theo and Beau*》这本书为例，作者杰西卡・夏拉把她两岁儿子与宠物狗一同睡觉的一系列合照发布到了她的个人博客“Momma's Gone City”，这组照片真实、可爱，引得网友们在网上争相转载。正在网友们被照片中的萌娃萌宠大发感动之词时，图书编辑琪恩・菲薇儿却嗅到了其中的商机，她迅速与杰西卡・夏拉签订了三本图书的版权协议。

摄影师布兰登・斯坦顿从 2010 年起，拍摄了很多纽约人民市井生活的照片，他也因此在 Facebook、Tumblr、 Instagram 和 Twitter 上拥有了大量的粉丝，最终他的这些照片被集结成册，分别被收录于《人在纽约》（*Humans of New York*）和《小大人》（*Little Humans*）。2013 年 10 月至 2014 年 10 月一年时间内，斯坦顿两本书的销售都突破 42 万册。

这两个案例都是作者先找到了志同道合的目标读者，进而发布受读者欢迎的作品，最后成功出版图书的实例。他们正是在社交媒体的帮助下找到了切口，并得到了理想的结果。

社交媒体不是创造了读者社区，而是通过数据分析技术，发现了现实生活中隐藏着的、有相似阅读倾向的读者群，并把他们集结到社交媒体平台，进而激发他们的分享、互动动机，使他们在社交媒体畅所欲言，主动制造个人数据。紧接着这些数据经过第三方机构的整理与分析就变成了个性化的消费倾向报告，图书出版商、作者据此勾勒出读者心中理想的图书样本，进行策划、创作，在此过程中社交媒体继续发挥作用，它成为了作者、读者、出版商互动的平台，供他们随时随地发表意见、提供新想法，作者、出版社根据读者的反馈进行时时修改，直至书稿完结。在图书营销领域，社交媒体同样起着力能扛鼎的作用，通过一对一的精准匹配，在社交媒体上图书广告被推送到具有潜在消费欲望的读者面前，并供读者相互交流、反馈阅读感受，相较于传统的图书发布会，这种方法成本低、到达率高。至此，社交媒体完成图书出版流程中的任务，尤其是在选题策划和图书销售方面发挥出独特的优势——挖掘数据背后的读者信息。

（三）社交媒体促进实体书店的销售

密歇根州的小城安阿伯有一家名为“文人墨客”（Literati）的书店，它的老板古斯塔夫森说他最成功的经营之道就是利用社交媒体拉近与消费者的距离，现在越来越多的网友慕名而来。他把店里的奇闻趣事和人生感悟放到社交媒体上与大家分享，不但笼络住了老顾客，而且吸引了很多新顾客。

劳拉·菲尔波是田纳西州诗人书店的社交媒体维护人员，她说社交媒体带来的最大变化就是无形中延长了书店的经营时间。以前，店里的经营时间是固定的，这在某种程度上限制了读者与书店的交流，而自从店员把书店搬到了社交媒体上，这种界限就被打破了，只要有网络、只要你愿意，读者与书店人员可以随时交流，询问或发布书讯、分享书评甚至彼此开玩笑。在社交媒体上可以轻松地把网上购买链接贴出来，读者只要感兴趣，动动手指就可以完成购买，对图书的线上销售大有裨益。劳拉·菲尔波指出自从他们开始用社交媒体推广图书，2014 年线上销售增加了 9%，而节日期间增长率更是超过了 16%。

（四）传统出版商与社交媒体的合作

阅读能给浮躁、焦虑的现代人带来无与伦比的宁静，如今的人们花费在各种社交媒体上的时间越来越多，严重压缩了安静的阅读时光。从这个方面来说，社交媒体无疑是出版商的宿敌。但是，出版商也看到了社交媒体无可比拟的优势：话题的强渗透性、用户的高粘性、广泛的参与性和信息的快速传播性，同时社交媒体与大数据技术的结合也带来了更精准的数据服务，诸如此类的优势深得出版商心意，他们正在巧妙地利用社交媒体与之展开拉锯战。

由哈珀柯林斯出版集团于 2013 年出版的小说《分歧者》三部曲，由于在社交媒体上颇受欢迎，2014 年被改编为电影搬上荧屏。哈珀柯林斯也得益于三部曲的强势销售情况，成为 2014 年度国际五大出版商中增幅最大的一个。2015 年 3 月，哈珀柯林斯为了配合电影发布，决定尝试与推特合作为《分歧者》的粉丝提供图书购买优惠，粉丝能以 6.5 折的价格购买精装版图书[①]。

哈珀柯林斯选择与推特进行合作看中的是推特上原生广告的独特魅力。以推文形式存在在信息流中的原生广告如同有保护色的昆虫一般，不易被发现其真实身份，从而减少了人们对广告的抵触心理。

---

① Reid，C. 2015. *HarperCollins looks to sell books via Twitter.* http：//www.publishersweekly.com/pw/by-topic/industry-news/bookselling/article/65946-harpercollins-looks-to-sell-books-via-Twitter.html [2015-08-26].

除了原生广告之外，在 Twitter Commerce 平台上，可以把“立即购买”按钮嵌入到推文中，消费者不需要跳转到其他网页就可以完成购买。哈珀柯林斯首席数字官 查恩塔尔・雷斯蒂沃・阿莱西认为，从表面上看出版社与社交媒体的合作减少了利益链，增加了作者在整个盈利环节的比重，让作者成为了最大赢家；但是社交媒体上的火爆销售会带来光环效应，进而带动线上、线下的销售，同样为图书零售商增加了盈利机会。

（五）社交媒体助力公益性阅读活动

2014 年 5 月，一个由作者、出版商、博主组成的 22 人声讨团在社交媒体上发起了一个为期 3 天的活动，名为“我们需要多样化的图书”（We Need Diverse Books），该活动旨在呼吁人们重视当代儿童文学多样性缺乏的问题。Tumblr、Facebook、Twitter 是活动的主要阵地，来自出版界内外的众多参与者在社交媒体上通过文字或图片的形式发表了对于儿童文学多样性的看法，几个小时之内贴满了“#WeNeedDiverse-Books#”标签的信息不间断地在各社交媒体上涌现，形成了病毒式传播，仅从 2014 年 5 月 1 号的上午 10 点 45 分到下午 5 点，就有 13459 位参与者就发布了 46672 条推文①，而且在几秒钟之内数字呈指数式增加，可以说星星之火形成了燎原之势。

First Book 是一个专门为家庭贫困的孩子提供图书服务的网站，通过这个网站网友可以向有读书需求但家庭贫困的孩子捐赠图书，而且这些孩子的父母也可以在此以低廉的价钱为孩子购买图书。2011 年合并前的兰登书屋和迪士尼出版公司为了帮助 First Book 向大众推广，它们发起了一项图书捐赠活动，即为 Facebook、Twitter、Tumble 上 First Book 的粉丝免费提供一本新出版的图书。这帮助 First Book 聚集了大量粉丝，

---

① Kirch，C. 2014. *BookCon controversy begets diversity social media campaign*. http：//www.publishersweekly.com/pw/by-topic/childrens/childrens-industry-news/article/62094-diversity-social-media-campaign-goes-viral.html[2015-10-08].

其中兰登书屋在11月的两天活动中就促使粉丝人数由3万人增加到5.5万人，增长率约为83%[①]。传统出版社与社交媒体的协力合作共同促进了公益性阅读活动的普及。

三、社交媒体与数字出版

如今，数字出版已经嵌入到了美国图书出版的整个流程，如果说数字出版使信息产品的虚拟化与实体化间的转化变得轻而易举，那么社交媒体无疑就是促成这些转化的平台和加速器。手机移动读者与社交媒体使用者的人群属性的高度重合使社交媒体在数字出版方面发挥着日趋重要的作用，社交媒体的介入不但拓宽了数字产品传播的媒介渠道，而且充分利用其高互动性的优势增强了数字产品的用户黏性。

（一）社交媒体与自助出版

一切都在数字化，借助数字出版新技术，自助出版正在成为越来越多作者的首选。而出于对资本、创造力和品牌影响力的需求，出版商也不得不建立起有效的数字路径帮助作者们自由出版，并直接面向读者营销和出售。

1. 数字出版与社交媒体营销

社交网络营销成为普遍采用的策略——利用读者群和作者群等固有资源，融合社交媒体和数字技术，构建直达读者的数字销售通路。比如，哈珀柯林斯开始鼓励作者通过社交媒体直接向读者推销书籍，通过其在线商务平台实现售卖，作者在原有稿酬之外，还可以获得相当于版税10%的销售提成。与社交媒体相辅相成的，是对粉丝文化的深度挖掘，这也是2014年出版商数字创新的侧重点——从直接利用粉丝众筹，到发

---

① Maughan，S. 2011. *First Book clicks with social media.* http：//www.publishersweekly.com/pw/by-topic/childrens/childrens-industry-news/article/49451-first-book-clicks-with-social-media[2015-06-26].

展社交互动活跃的在线粉丝社群，再到以特定兴趣的粉丝社群为基础直接衍生数字内容（比如科幻魔幻小说社群）[①]。

2011年，亚马逊正式推出Kindle Direct Publishing（KDP），利用Kindle开展针对作者的直接出版平台。当年就有超过1000位作者每月的书籍销量超过千本，甚至有两位作者图书销量超过百万。当年的股东会上，亚马逊的创始人贝索斯向股东们传达了这些作者的声音："所有作家都有机会面对读者进行写作，而无需跨越那些艰难的障碍……通过Kindle出版服务，作者每月获得的版税超过了传统出版社所给的一年的版税……再没有传统出版商对作者撰写的每一个细节都横加指责，这使他们成为更强大的作者，更多产的作者。"[②]

虽然Kindle为自出版简化了出版流程，但是对于自出版图书的营销却是亚马逊的短板，除了个别出名的作家，大多数自出版作者还是需要找人写付费书评、在脸书上投放付费广告以此来扩大营销范围。2013年亚马逊收购Goodreads使自出版营销的尴尬境地大有改观，两者资源互通，利用Goodreads的口碑营销和图书推荐系统，亚马逊可以帮助自出版作者精确地找到目标读者，而且Goodreads在读者中的良好形象可以迅速增加自出版作者德尔品牌影响力和读者的信任度。

Gumroad是一个付费链接服务平台，任何人都可以通过这个平台将自己的作品（书、音乐等）转化成付费链接，买家付费后通过链接下载商品，每笔交易卖家只需给Gumroad缴纳商品售价的5%加25美分的中介费。整个流程使用起来非常简单，注册、登陆之后，附上卖家的链接地址和为此设置的出售金额；如果需要的话还可以加上一些注释，一键分享到脸书或推特，然后就可以坐等收入了。目前，Gumroad已推出iPhone和Android的APP，方便人们在移动客户端轻松实现买卖、阅读、

---

① 任翔. 2014. 2014年欧美数字出版的创新与变局. 出版广角，（24）：24-29.

② 医生. 2014. Goodreads被收购 Amazon项庄舞剑. http：//www.leiphone.com/news/201406/amazon-acquire-goodreads-today.html[2015-07-28].

和分享。

在这里不得不提到法国的阿歇特图书出版集团，它是首个与Gumroad平台合作销售图书的出版商。2014年12月，阿歇特与Gumroad合作进行试点项目，通过推特销售指定的图书。该项目在某些作家的推特状态中嵌入了“购买”按钮，而且还会为在推特上购买图书的读者提供额外的赠品。其中一位作家阿曼达·帕尔默，当她在推特上向100万粉丝发出有关她的作品《提问的艺术》(*The Art of Asking*)的相关信息后，仅20分钟内就销售出了100本。

阿歇特出版集团总裁迈克尔·皮埃茨说：“我们大部分图书营销业务都是通过社交渠道完成的，时下流行的推特销售模式自然会成为我们的目标。”Gumroad平台创始人兼总裁萨赫勒·拉文亚说：“阿歇特致力于为作家探索新的生财之道，并通过社交商务与读者直接进行互动，此举让我们印象深刻。他们并不避讳新技术，潜心探索未来出版业的走向。”①这也是目前国际上有影响力的传统出版商应对新媒体挑战的明智之举。

Gumroad让电子书时代的自出版变得更加便捷，但是买家可以将下载后的电子书分享给任何人，这无疑加大了作者版权保护的难度，也是Gumroad必须改进的地方。

2. 自出版作者如何利用社交媒体开展营销

社交媒体增加了作者在大众面前的曝光机会，这种机会也增加了消费者的购买几率。以下是《出版人周刊》为自出版作者创办个人主页进行网络营销的建议：

（1）主页上必须有作者的简介和头像。尽管许多作者羞于把真实照片放到网上，但是鉴于多数人都有的窥视欲，大部分读者对作者的样貌、

① 译世界. 2014. 阿歇特试水全新销售模式 卖书用推特.http：//www.yeeworld.com/article/info/aid/4567.html[2015-03-28].

生平是非常感兴趣的。

（2）尽量做到持续不断地更新状态，发表生活见闻、随笔、书讯等。

（3）在作品展示栏里应把所有作品的封面、样章、简介都整齐地码放好，文字和图片尽量做到精美、吸引人，如果能附带一个样章下载地址就更棒了。

（4）读者评论可以放在作品展示栏；如果一个作者非常有幸有大量粉丝且读者评论都是积极肯定的，那么不妨为他们重新开辟一个板块，专门陈列这些评论，让它成为吸引新读者的亮点。

（5）经营好各种社交媒体，并把每个社交媒体的地址放到彼此的页面，以方便读者对你进行全方位地了解。

（6）在个人主页里和社交媒体上请附上邮箱或其他联系方式，确保读者能够联系上你。

（7）在显眼的地方附上图书的购买地址，不论是亚马逊还是当地的书店，确保读者能够按着你提供的地址找到这些书，尽可能多提供些购买方式等。

《出版人周刊》为自出版作者利用社交媒体开展图书营销列出的时间表：

●距出版日期还有一年的时间

图书公关公司 BookSparks PR 的老板对自出版作者的忠告是至少提前一年开始进行营销，在该阶段作者要做的事情有：

（1）开通社交媒体，脸书、推特等，尽可能多。

（2）建立邮件列表，收集书友、出版商的邮件地址。

●距出版日期还有半年的时间

（1）时刻保持图书推广意识，这个时候应使自己处在一种亢奋状态，调动周围的一切资源时刻准备着为图书推广服务。

（2）为图书推广制定详细的规划，包括媒体策略、宣传用语等。

（3）与读者保持紧密的联系，利用各种社交媒体和邮件及时发布个人状态和书讯。

（4）在社交媒体或相关网站发布一些样章，以吸引读者的兴趣。

●距出版日期还有 3 个月的时间

（1）选择一些有用的书评把它们放到社交媒体上。

（2）在社交媒体上与读者和书友进行互动。

●距出版日期还有 3 个星期的时间

（1）拿 3—5 本书当做赠品送给一些网友，请他们在 Goodreaders 等读者社区发表评论。

（2）发动亲朋好友阅读即将出版的图书，请他们在各自的社交媒体或线下的朋友圈中进行口碑传播。

●出版当天

通过社交媒体上或电子邮件向帮助过你的朋友、陌生读者致以真诚的感谢。并发布一些最新图书销售情况的照片①。

（二）数字时代的行业变革与美国大学出版教育

图书出版行业的巨大变革促使大学调整教学方向，以适应市场对出版人才的新要求。因此美国大学出版专业的课程设置较往年发生了很大变化，数字出版无疑是对传统教学冲击最大的事物，几乎所有的大学都把“数字媒体”类课程添加进人才培养方案，而且越来越多的学生对数字出版抱有极大的热情。在学生的要求下，纽约大学新设了“数字金融”“电子书营销模式”“网络编辑”“社交媒体营销”等课程。在实践方面，学校要求学生能够自主设计新媒体图书营销方案，帮助企业探索新的销售模式，不少用人单位也表示他们非常看重具有新媒体知识的出版专业毕业生。

近 5 年来，数字技术的日新月异和媒介深度融合打破了一直以来风

---

① Palmer，A. 2014. *DIY：How to Build Buzz for Self-Published Books*. http：//publishersweekly.com/pw/by-topic/authors/pw-select/article/60506-diy-how-to-build-buzz-for-self-published-books.html[2015-09-20].

平浪静的图书行业，新技术、新理念催促着大学出版专业的不断调整和重成设置，佩斯大学出版系主任拉斯金说他们每学期都要对课程进行评估和重新设计，以确保这些课程符合当下出版行业的要求，课程的更新速度远远超过以往。

不同于我们印象中传统企业的因循守旧，美国传统出版社大都能积极拥抱新时代的变革，尤其是几大王牌出版社经常走在行业的最前沿。它们充分利用新技术，开拓数字出版战略；它们谙熟网络传播特点，利用多种社交媒体拉拢年轻叛逆的读者。它们就像网络时代的老顽童，一方面，在出版业务上是行家里手，无出其右；另一方面，胸怀开阔，兼容并包，丝毫不放过任何一个利用新技术、新理念提升自身能力的机会。也正因如此，大部分出版专业的学生愿意在传统出版社谋得一职，他们看中或许就是传统出版社应对挑战的积极心态。

四、问题与分析

（一）知名度制约关注度

假设社交媒体是一个不分阶层、人人都可以进入的社交舞会，虽然每个人都可以进入舞池，但是获得的注意力是不同的。有的人背后自带追光灯，他走到哪里，人们的目光就追随到哪里；有的人虽然跳得很好，但是他在舞池边缘当自己的观众，灯光昏暗，留给他的是人们黑压压的背影。这种残忍的经济逻辑被概括为：有价值的不是信息，而是注意力①。

社交媒体带来了是平等化和交互化的阅读体验，也铲平了图书出版的门槛，但是并非所有的作者都能在社交媒体上实现付梓出版的愿望。

低知名度的作者即使注册了社交账号，并发布了图书信息，但是由于没有知名度，发现的可能性仍然较小。相反，那些畅销书作家在其社

① [美]克莱·舍基. 2012. 人人时代.胡泳、沈满琳译. 北京：中国人民大学出版社.

交网站上的些许动态就能在其读者群众引起惊涛骇浪。可见对于那些不知名的草根作者来说，社交媒体虽然给他们提供了一个展示自己的平台，但要想做到与著名作者展开公平竞争似乎还有些难度。关注度的高低直接影响图书营销的传播范围，即使有好作品也难以获得应有的关注度，可谓好马难遇伯乐。

在这种情况下作者若想有所改变，可以尽可能多地拓宽社交媒体渠道，扩大信息的传播幅度，增加作品被关注的机会。也可以尝试与专门的社交媒体营销平台合作，如前文提到的 Aerbook，让它们帮助自己打造更具影响力的社交媒体推广方案。

（二）社交媒体对阅读的消极影响

在此之前我们一直把社交媒体当做图书策划、图书编辑和图书销售等的工具，以工具论的视角分析它给图书出版带来的影响。现在不妨换一个角度，麦克卢汉曾分析了不同媒介带给人们的多方面思维变革，倘若社交媒体存在于麦氏的年代，定会受到比以往任何媒介更深层次的批判。

众所周知，社交媒体通过一个个节点把芸芸众生链接起来，在这种几何图谱中，我们可以很清楚地看到整个关系网络，也可以通过层层的链接获得许多新知，但是这种看似环环相套的链条甚少动用我们的逻辑思维，我们沉迷于社交媒体上的图片、视频，对大篇幅的文字缺少阅读的耐心。我们依赖社交媒体，希望它可以帮助我们做更好的图书、卖更多的图书，但是我们花费在社交媒体上的时间越来越多，在思维惰性的作用下我们甚至无法安安静静地阅读一本书。

社交媒体嵌入到各行各业的发展，“社交媒体+”成为一种商业趋势。但是出版人应该保持一种清醒的认识：我们利用各种工具无非是期望图书出版能够有新的发展，绝对不能本末倒置，一味依赖社交媒体必将丧失读者、受制于人。所以，我们应该从图书出版本位出发，牢牢把握出版规律，调动各种方法激发民众的阅读热情，用“图书出版+”的思维更新图书出版模式。

（三）社交广告引发读者的信息倦怠

随着很多作者、出版商在社交媒体上注册账号，发布图书营销信息，社交媒体的社交功能被模糊化，社交媒体逐渐成为公共广告板的同义词。信息的强推送性、虚假广告泛滥、链接存在的安全隐患等问题是社交媒体广告的弊端。

因此，图书广告应该体现出其文化产品的特性，着力提高出版商品牌的整体形象，企鹅兰登书屋在 Pinterest 建立的主页就是一个很好的范例，精心挑选的图片呼应着企鹅兰登书屋的品牌精神，既是品牌形象的整合又是一种美的传播，非但不会引起读者反感而且能增强对品牌的认同感。同时，在精准定位目标读者的基础上，带给他们人性化的图书推荐服务，避免泛化地大众广告。

（四）社交媒体衍生图书的盈利与版权问题

网络内容转到线下出版其盈利问题是决定其发展前景的重要因素，同时社交媒体上的内容经过多次的转载和编辑其版权的归属问题也是制约优秀产品再出版的关键。

对于大部分网友来说，网上的内容基本是免费的，而买一本书，无论是廉价的电子书还是较贵的纸质书，阅读成本明显加大。另外，把社交媒体上受欢迎的内容进行线下出版是否还会有强烈的吸引力，也是出版商需要认真对待的问题。美妆博主也好、街拍博主也罢，他们通常把在社交网站上发布过的图文直接转换为纸质图书。对于粉丝读者来说，社交媒体上的内容变成纸质出版物只是阅读介质的变化，实质内容并无太大吸引力。因此，出版商需要对社交媒体衍生图书进行再次创造，增加图书的附加值，让读者觉得物有所值。

结 束 语

纵观美国图书出版行业，社交媒体为之带来了颠覆性变革，业内的有识之士都在为这场行业风暴倾尽全力。社交媒体借助第三方数据平台深入洞察读者心理，频频推出更具人性化的图书服务；电子商务平台为实现对出版链条的整体把控，积极地与社交媒体展开合作；更应该看到，在新技术的冲击下，老牌出版商主动出击为自己注入新鲜血液，他们巧妙地利用社交媒体拉近与读者的距离，凭借优质的内容和渠道优势与新兴的出版力量一较高低。社交媒体与传统图书出版，既有冲突，又有融合，求同存异中提升着美国受众的阅读体验，推动着美国图书出版业的发展。

第四章　中国数字出版内容的国际传播

1　从英国视角看中国数字出版内容的国际传播

核心提示：中文研究在英国处于比较高的战略地位，且日趋依赖中文数字资源。作为重要的机构需求者，英国大学图书馆往往受到经费不足与中文数字资源高价格的困扰，公共图书馆则为追求到馆人次而排斥数字资源。同时，中国数字出版内容的国际传播需要统一格式及系统，且标注数据不需要翻译。

中国数字出版内容的国际传播大概有 10 年的时间了，政府与数字出版企业都为此做了很多努力，也收获了很多成果，但仍旧有很多问题让我们感到困惑。首要的问题便是国际社会对中国数字出版内容的认知，包括需求、价格、格式、语言等。只有了解国际社会对我们的认知，我们才能把数字出版产品与之更好地结合起来，这不仅是整个行业的命题，也是国家的命题。相对于浮光掠影、走马观花式地对整个国际社会进行研究，典型个案之观照或能带来更深刻的普适性启示。立足于中国数字出版内容海外需求，从英国视角出发探讨中国数字出版内容的国际需求与传播，或对国内发展数字出版有所裨益。

一、中国数字资源的战略地位及需求

对于英国来说，中文研究越来越值得关注，甚至已处于比较高的战略地位。很多英国学者和专家在从事中国研究，甚至全欧洲很多地方都在做当代中国研究，这是近 10 年来发生的重大变化。在这样一个数字化时代，那些研究者和学习者们日趋倾向使用数字化资源，而数字资源的主要获取来源是图书馆。

作为重要的机构需求者，图书馆是科学研究的服务提供者，帮助读者获取、分类以及归档纸本与数字化的研究文献，并向特定范围内的科学团体和研究者免费开放，其中尤以大学图书馆最为典型。英国大学图书馆对纸本及数字出版内容资源的配备都是根据相关专业的学生和研究者数量而定。近些年来，英国各大学都面临中国学生和中文研究者日趋增多的情况。对于大学图书馆来说，有了相应的读者就必须配备相应的研究资源，所以，英国各大学图书馆都在购进越来越多的中国数字出版内容资源。总体来看，英国各大学图书馆采购中国数字出版内容的情况大同小异，牛津大学、剑桥大学、伦敦商学院和爱丁堡大学四所大学的中国数字资源较好，其他大学图书馆稍差。事实上，中国数字资源在英国的全球数字资源中占比仍旧很小，无论如何，从事中文研究的学生比例终归还是少数，人数增长需要一个过程，甚至不可能变成很大的群体。

值得肯定的是，从英国图书馆的整体情况来看，中国的数据库比其他亚洲国家和欧洲国家都要好，英国大学图书馆几乎没有或很少有日本、韩国的数据库。相比之下，中国的数字出版内容已经够多了。

二、大学图书馆受到经费有限与高价格的困扰

国际社会到底有多少经费购买中国数字资源、购买的原则是什么、他们愿意为这些数字资源支付怎样的价格，这些问题都值得我们认真思考。

经费是影响国际社会购买中文数字资源的一个要素。与中国一样，英国各大学图书馆间的数字资源并未实现全国共享，也就是说，数字资

源需要各大学图书馆单独购买。很多中国数字出版公司不太了解牛津大学、剑桥大学、爱丁堡大学等名校图书馆的中文数字资源采购经费，其实，欧洲所有图书馆的此项经费都不太多。

在牛津大学，只有牛津大学图书馆中文分馆购买中文图书资源，其纸本与数字资源的采购经费的主要来自总图书馆，经费的多少取决于从事中国研究的群体大小，这个群体包括中国学生、华人以及从事中文研究的英国学者。近些年来，这个群体有所增加，牛津大学的中国学生已有 800 多人，按照常理中文图书的采购经费应该增加，但因为牛津大学图书馆的总预算下降了，所以中文分馆的经费也有所减少，原来每年采购经费在 10 万欧元（约为 83 万元人民币）以上，现在却不到 10 万欧元了，英国各名校的中文资源采购经费大都在此数额上下波动。有限的经费导致很难大规模购买中文数字资源，满足要求很困难。牛津大学用这笔经费的 50%购买中文数字资源，主要通过数据库公司购买中国知网、方正阿帕比、超星等数据库，有的是一次性付款，有的是按年付款；还有一些购买决策要考虑教师们的想法，即牛津大学的学者是否适用，牛津大学各学院可能需要中文资源，但并不自己购买，而是要求牛津中文图书馆购买。所以，一部分数字资源是常规购买，一部分是为学者的研究课题购买。这给与牛津类似的欧洲大学中文图书馆或中文藏书库都带来很大压力，因为大学内各学院各专业都不太愿意自己花钱购买中文资源，他们更希望中文馆或中文藏书库购买中文资源。

爱丁堡大学的情况稍有不同。通常，如果爱丁堡大学图书馆的中文藏书库管理员看中某个中文资源，首先是筹钱，然后购买试用，试用一段时间觉得挺好，特别想要，就会和图书馆采购部门一起处理购买事宜，并由采购部门最后把关。购买相应的数字资源是有固定预算的，爱丁堡大学每年会拨给图书馆相关经费。另外，如果大学里一些学院的中国生源比较好或者招收从事中国研究的学生比较多，那些学院就会从学校获得比较多的国际学生培养费用，这些学院也会给图书馆一点经费支持，支持跟该学院相关数字资源的购买，所以这两年爱丁堡大学图书馆中文藏书库基本维持了中文数字资源的购买力。爱丁堡大学图书馆现有电子书 30 万册以上，其中包括已购买的中文数字资源，如中国超星、方正阿帕比、知网博士硕士论文全文库、上海图书馆的全文晚清期刊以及四库全书电子版等数据库。

价格是影响中文数字资源购买的另外一个要素。即便能够维持一定的购买力，爱丁堡大学仍然认为中文数字资源涨价很厉害，使得图书馆中文库的采购经费总是不太宽裕，很多东西都不能很爽快地购买，要经过反复斟酌和讨论，甚至因为价格太高还不得不放弃购买中国的民国期刊数据库。中国数字资源被认为价格太高的原因有二。首先，英国各大学图书馆普遍认为中国数据库的数据量较少，所以中国的数字资源比其他国家的数字资源相对价格要高。其次，英方认为中国数据库存在双重价格，即在中国国内销售的价格和在国外不一致。中国数字出版企业认为国外图书馆经费充足，所以定价比国内高。但英方认为，英国从事中文研究、利用中国资源的人数毕竟有限，一个大学的几万名学生中，充其量只有几百人在使用中文资源，若是英文资源，全大学都可以使用，这个价格就没有问题，所以，数字资源的价格不能依据大学的大小，而应通过人均使用价值进行判断，中文数字资源海外定价高，但下载量少，致使人均使用价值太低，而人均使用成本又太高，再加上图书馆分配到中文数字资源的采购经费有限，最终影响了英国大学图书馆对中文数字资源的采购。就目前而言，有限经费与高价格之间矛盾的解决尚需时日。

三、公共图书馆追求到馆人次，排斥数字资源

英国国家图书馆是世界上规模很大的图书馆之一，但其数字资源并不太好，或者说英国公共图书馆的数字资源都不太好。之所以如此，是因为英国公共图书馆和大学图书馆的评价标准大相径庭，公共图书馆的

评价标准是借阅量或到馆访问人次，并借此证明公共图书馆的存在价值，而大学图书馆的评价标准是藏书量。目前，英国各公共图书馆还未把网站的访问人数或电子书下载量算作到馆人数，所以，尽管各公共图书馆的网络平台通常有少量英文电子书供读者下载，但各图书馆对于电子资源的开发并无热情，甚至还有排斥情绪。英文数字资源尚且面临此种窘境，遑论中国数字资源了。

一个典型的案例是伦敦威斯敏斯特区的查宁阁图书馆（Charing Cross Library）。作为英国最大的中文公共图书馆，该图书馆向伦敦及周边区域提供中文图书免费借阅服务。英国政府每年给查宁阁的拨款数额为 7 万英镑左右（约为 70 万元人民币）。在伦敦威斯敏斯特区 13 个公共图书馆中，查宁阁获得拨款数额是最多的，这是因为中国人喜欢到那里借书，导致查宁阁相关书籍的借阅量较高，而拨款额度主要参考图书馆的借阅量与会员数量。查宁阁图书馆每年都要考核工作量，还要求工作量每年有所提升，所谓工作量就是借阅量和到馆人次。查宁阁全馆藏书保持在 7 万余册，中文期刊有 70 多种，但该馆并没有中文电子书，也没有中文数据库，因为网站访问人数和下载量不算到馆人次。此外，查宁阁知道中文读者们早已精通从起点中文等网站寻找数字资源的各种办法，因此，中文数字资源的配备就变得更不实用且无意义。甚至，读者的这些做法还影响到了纸本书采购，查宁阁从 2013 年已停止采购纸本的浪漫小说，因为，那些浪漫小说大部分都来自网络，而读者早都看过，即便购进也不会产生借阅量。

一些中国数据库的封闭性也削弱了英国公共图书馆的购买动力。查宁阁图书馆每年订阅着 70 多种中文纸本期刊，这笔期刊订阅费用同样可以换购中国知网 400 多种数字期刊，但换购的尝试并未成功，原因是双重的。一方面，中国知网的理念是校园网或局域网内的有限开放，因为担心公共图书馆对全世界的免费开放会导致版权的失控，知网并不愿意把数据库卖给查宁阁，后来，知网只同意授权查宁阁官网对外开放 20

个免费账户的权限；另一方面，查宁阁的理念是免费提供中文纸本书刊借阅服务，如果在官网开放中国知网的数字期刊资源，对外开设多少个账户，就意味着相应减少了多少数量的到馆人次，就等于减少了查宁阁的工作量，即便 20 个网络阅读账户，也是现有体制下的查宁阁无法接受的，而申请下载量等同借阅量的报告也未获得伦敦威斯敏斯特城市委员会批准。于是，双方因无法对接无果而终。所以，除非将来可以把下载量算作借阅量，英国公共图书馆才有可能对中国数字资源感兴趣，但这比较困难，城市委员会在这一方面进展比较缓慢，也还需要向英国政府汇报。

四、格式与系统需要统一

数字出版的格式问题在国内已是一个热门话题，走出去之后就更是一个问题。首先，各个中文数据库没有统一的、固定的格式，或者说，每个数据库的格式都不一样，也很少有哪个中国公司能提供统一的格式。这导致英国大学图书馆每买一个新的数据库，就要安装一个新的应用，非常麻烦，用户使用成为很大的问题。所以，把格式统一起来很重要。XML 被认为是一种很好的通用格式。

其次，很多中文数据库没有统一的系统，各自为政，不能通过统一的网页或平台登录，可能数据库提供商自己并未觉察有什么不便，但给英国用户的使用带来很多麻烦。统一的系统和平台很重要，可以尝试把所有孤立的数据库都关联起来，通过一个入口进入。其最终目的是，无论用户在什么地方，都可以通过简单地登录一个机构或一个大学图书馆，方便快捷地使用这些数字资源。大多数图书馆用户很需要这样一个系统，相较而言，英国的出版社和平台研发商已经有了这个概念。

对中国数字出版内容提供商而言，只需要记住一个原则就够了，那就是一切都是为读者服务的，都是为了满足读者的需求，所以，建立因地制宜、方便实用、以客户为中心的统一化格式与系统是当务之急。

五、标注数据不需要翻译

中国数字出版内容“走出去”的一个重要问题是语言问题。国内致力于此的传播者一般都提倡尽量把相关内容翻译成英文，至少把相关数字文献的标题和摘要翻译成英文，并配置最全的 MARK 数据（即书目或文章数据，包含图书或文章的标题、作者、分类、简介、索书号等信息），以方便国际受众查找和阅读。但从牛津大学、爱丁堡大学图书馆的做法来看，它们会对采购的数字资源配置 MARK 数据，不需要中方自己做，而它们所谓的 MARK 数据就是汉语拼音，根本不做翻译。它们认为，不懂中文的人不会去搞中文研究，而懂中文的人则没必要翻译，一旦翻译了就特别麻烦，之前的确有些中文图书标注了英文书名，导致一些英国人以为是英国文献，下载后才发现是中文文献，所以，中文的内容还是中文标注，直接写拼音就好，读者一看就知道是中文文献，也有利于图书馆的分类。当然还有另外一种情况，有的中国数字出版内容本身就是用英文出版的，则另当别论，标注数据都用英文即可，也不会有误导读者之嫌。

知己知彼，百战不殆。欲进军国际市场，必先了解国际市场。英国视角下的个案研究或能让中国数字出版企业感知整个国际社会的情状，也希望种种国际传播的现实与中国数字出版产业的变化不谋而合，并为中国数字出版的未来发展解疑释惑、提供方向性的建议。

2　中国数字出版内容国际传播的用户策略

核心提示：数字出版商需要去识别和找到用户，了解用户，找到联系用户的渠道，然后通过数字化方式将用户和消费群分类、精准定向，并以用户需求为出发点，以符合用户使用行为的形式，帮助中国数字出版企业将具有国际传播价值的内容进行生产与传播，从而实现中国优秀的数字内容“走出去”，提升中国文化软实力。

全媒体时代的变化在于，传统出版往往以产品为中心，而数字出版内容国际传播则以客户为中心，以为客户提供更加符合需要的数字内容为要义。传统出版内容传播的根基原本立足于出版商和作者之间的关系，而数字出版内容国际传播的发展建立在出版商和用户的关系之上。数字出版内容的呈现形态有很多，如数字版权、电子书、数据库、在线服务等，但能否成功进行国际传播，并不取决于采取什么形态，用户接受才是最根本的问题。当然，这里面既包括机构用户，也包括个体用户。所以，数字出版内容国际传播要针对不同用户的需求提供个性化的服务。数字出版商需要去识别和找到用户，了解用户，找到联系用户的渠道，然后通过数字化方式将用户和消费群分类、精准定向，并以用户需求为出发点，以符合用户使用行为的形式，帮助中国数字出版企业将具有国际传播价值的内容进行生产与传播，从而实现中国优秀的数字内容“走出去”，提升中国文化软实力。

一、了解国际用户需求的意义

随着技术发展、传播手段和阅读习惯的发展，国际传播日益变成买方市场，终端消费者最终决定接受什么内容，反过来会影响传播者如何进行内容生产与传播。这里面，唯一的依据便是客户需求。数字出版内容国际传播的最终目标是人，是国际上的受众，只有有效地将内容传给受众，我们的文化与内容才能得到有效传播。要实现国际传播，就要到国际市场上去，贴近那里的实际情况，感受那里的用户需求，了解那里的市场和状况，同时可以直接在那里操作数字出版内容的传播与销售。所以，数字出版内容国际传播的第一步是要了解用户，而不是只关心技术带来的各种可能，客户的深层需要才是最重要的。

借助新技术，数字出版商能够比过去更好地了解用户是谁。电子书和其他数字出版内容的网络传播与销售让数字出版商拥有越来越多的用户信息，这给数字出版商带来两方面的机遇：一方面，可以为用户提供更多内容；另一方面，向用户营销图书变得更容易，数字出版商可以根据用户需求为他们量身定做所需要的内容。

如今，用户需求随着经济与文化的发展变得愈发复杂，国外用户与国内用户在数字出版内容需求上存在较大的差异性，国外用户对中国内容的接受与否直接影响着数字出版内容是否能够顺利传播。目前，很多国内数字出版企业仍然以国内用户的思维、习惯和需求特点生产用于国际传播的数字内容，这是一个误区。针对国际市场的数字内容要看是否能满足国际用户和国际市场的需要。而且，中国数字出版内容的国际传播不能仅仅依靠翻译，有时候语言翻译得再好也未必有用，因为国际用户的需求不一样，他们更需要的是独一无二的中国内容。只有有了让国际用户感兴趣和能被接受的内容，再辅之以当今世界的数字化传播方式，建立通畅的传播渠道，数字出版内容国际传播才能够成为建构中国文化软实力和国际话语权的历史性机遇。

数字出版内容要获得有效国际传播，需要通过对目标市场进行有效的需求收集。数字出版内容的国际用户包括机构用户与个体用户两类。机构用户的需求比较集中，容易收集；而个体用户兴趣分散，不可控因素较多，与其自身本土文化的黏性较大。因此，个体用户的需求收集对刚刚开始熟悉国际市场的中国数字出版业来说难度较大。

同时，开发国际新市场面临的一个问题是建立满足用户使用价值的衡量标准，即传播效果的评价体系。这些都需要立足于我们所提供的内容价值，而不在于所提供数字出版内容的数量多少，数量只是处在数字出版内容整个价值链的最低端要求。一般来讲，用户需求与使用效果需要从用户所处地域、浏览关键词、下载内容统计等几方面来评价，而不单纯是计算它包含了多少内容。实际上，对专业人士而言，内容指向越精确才越有价值，因为这样的信息更清晰，不会让人混淆。

二、如何调研国际用户的需求

（一）选择目标客户

对于中国数字出版内容国际传播来说，机构用户是重要的传播客体，其中尤以全球各大学图书馆、专利文献需求机构、金融数据需求机构等为主要客户。数字出版企业应善于挖掘机构市场的需求，通过全球图书馆、专利局、金融机构这些垂直渠道，获得市场反馈，发展更适合国际市场需求的内容，并将其作为内容销售、传播和市场开拓成本的参考。这也是被众多国际数字出版企业成功经验所证实的重要方式。

因为机构用户市场的同质化程度比较高，其需求状况还比较容易获得和把握。相对来说，个体用户的需求状况异质化程度较高，但是，随着机构用户市场的逐渐饱和和分化，再加上市场开拓的需要，数字出版企业必须面对如何进入个体用户市场的问题。在个体用户群体中，学者和精英群体通常是更重要的关注对象，因为他们往往是国际市场上的先行舆论引导者。无论从哪个角度看，做好机构用户和个体用户市场对中国数字出版内容的国际传播与文化软实力的提升都具有重要意义。

（二）挖掘用户信息

国际用户需求倾向的发现并非易事，而是一个长期而又复杂的过程，需要数字出版企业投入相当的人力和物力，进行艰苦细致的调查分析与研究判断。其具体运作流程是，首先通过市场调研或数据采集对用户需求有一个全面的认识；然后按照用户需求进行数据分析与市场细分，分析每个细分市场的使用、下载甚至购买行为特点；最后根据各细分市场的可进入性和效益性来选定适宜的目标用户与市场。

从 2012 年开始，大数据概念进入数字出版业的视野。对于数字出版内容国际传播来讲，所谓大数据就是数字内容传播过程中产生的数据总集。我们其实不必关心这个数据是怎么存储的，甚至也可以不必自己处理这些数据，最重要的是要把关于自己内容的数据用起来。美国麻省理工学院的教授把大数据对整个社会生态的影响比喻成显微镜，这个比喻非常恰当，因为以往我们在做相关数据分析时，只能根据市场调研找到一些样本用户，这是很粗略的市场状况描述。而在互联网环境之下，我们可以透过大数据，像显微镜一样把用户行为放大。无论是机构用户行为，亦或个体用户行为，他们在数字出版内容传播平台上的任何一个操作都被大数据忠实地记录下来，然后经过数据处理得到利用。亚马逊的业务发展得益于大数据分析非常多，其他数字出版企业经常犯错误，就是因为它们获得的数据太少了。

再进一步来说，当企业真正把大数据用起来的时候，就能清晰、完整地获得用户注册信息、用户行为记录、用户需求信息、用户下载记录、用户浏览记录、用户交易记录、用户评价信息、产品种类信息、品牌认知信息等。如果拿不到这么多用户信息，只能说明大数据获取与分析做得太不成功，只要计算工具设计合理，这些数据是完全可以拿到的。

目前，数字出版企业一般都是通过建构用户模型的方式来了解终端用户的消费方式、消费渠道、内容需求倾向与阅读方式等，进而指导中国数字出版内容的国际传播。用户模型能为数字出版内容国际传播建立完善的分析系统和集成展示工作平台，帮助企业进行科学决策，为国际传播平台带来几个方面的效益：一是提高工作效率，有的放矢；二是提高内容管理水平，主要体现在对风险的控制上；三是为国际传播提供数字化的精确数据，使数字出版企业能及时调整经营策略，提升国际传播效果和效率。简而言之，创建用户模型的目的是尽可能减少主观臆测，理解用户到底真正需要什么，从而知道如何更好地为不同类型用户服务。

用户模型建构工作包括两个部分：一是通过采集和分析数字出版内容国际传播平台中具有用户行为特征的数据，对数据进行分类和汇总，映射到用户的阅读与消费行为对传播效果的影响，研究平台用户的行为特征；二是对用户行为特征数据进行建模，形成对用户行为的统计特性，研究用户行为的潜在规律，然后考虑如何利用这些规律更好地服务平台建设与发展，实现内容传播平台服务上的创新。具体包括以下内容：首先对反映用户行为的平台数据进行分析和汇总，提出切实可行的用户行为数据采集方案，并对这些数据进行空间和时间的定位和关联，得到用户行为中所形成的统计参数，从而对平台的各项性能指标进行针对性分析，分析用户感受的特征数据，给出改进和优化内容传播平台的新方法，为进一步研究用户行为提供模型基础。然后通过用户模型研究用户行为，特别是对用户阅读与消费行为进行深入分析，并对数据获取、数据映射、行为建模几个方面进行研究，最终在此思路下得到基于用户行为的分析结论。

在数字出版内容国际传播平台的用户数据中，存储着大量的客户资料、浏览和消费等数据，数字出版企业可以利用数据挖掘技术在数据库中自动获取关于用户的有用信息。可获知的用户信息主要包括全文访问统计、拷贝与下载统计、目录浏览统计、销售统计、销售地域性统计、出版物关注度统计六类一级要素。具体企业的用户信息要素可能稍有不同，然后，数字出版企业可利用这些信息，针对特别的企业建立相关用户模型。

当前市场上比较成熟的数据挖掘工具有 IBM Intelligent Miner、SAS Enterprise Miner、SPSS Clementine 等，这些工具都具有强大的数据分析功能，数字出版企业可以通过运用这些工具建立用户模型，获得模型的分析结果后对用户行为进行分析。作为建立、应用与完善用户逻辑模型的过程，用户行为分析主要分为确定调研目标、数据采集和分类、数据分析和处理，数据应用、评估与反馈等几个过程。

数据在不同时期有不同的应用方式。数据分析和预处理数据分析是对采样后的用户数据进行初步分析，通过分类和筛选寻找不同变量之间的相关性、规律、趋势，以及不同变量对用户行为的影响。数据应用和评估是通过评价用户信息，从而预测数字出版内容的用户行为，并反馈给数字出版企业作为参考，进而考虑用户体验和推广效果，这时候除考察用户量以外，还要关注另外的指标，如活跃用户情况。用户不活跃表明内容传播质量不高，用户活跃程度决定着用户黏性。

三、基于用户需求进行内容传播

大数据、数据挖掘等新技术给我们带来的是直接的用户联系，这个渠道对中国数字出版内容来说具有无与伦比的价值。根据数据挖掘获得的用户行为，可以得到更精细的分类用户，并深入研究其消费行为、阅读行为等，进行针对性传播和服务。比如说，我们现在可以知道，国际用户想要买什么，需要怎样的专业出版内容，又需要怎样的服务类信息或汉语教育解决方案，由此我们可以把数字出版内容生产与市场需求结合起来。同时，中国数字出版企业还能从用户信息中了解到他们愿意付出多少钱，借此掌控内容定价权，接下来要做的就是针对已知的目标用户进行更加有效的推荐，获得目标用户的认同。

随着市场调研手段增强，数字出版内容传播者与用户的关系更趋接近，关系市场学变为可能，数字出版内容完全可能走向真正的国际个体用户，进而开发与挖掘细分的微量市场，甚至想多小就多小。互联网话语权的重要作用日益凸显，最终使得数字出版内容国际传播数量与质量呈现出几何级数的变化。